これまでの学びと
保育者への歩み

改訂2版
保育教職実践演習

幼稚園
保育所 編

小櫃智子
矢藤誠慈郎 編著

西坂小百合
金瑛珠
北野幸子
千葉弘明

わかば社

【改訂2版】まえがき

　「子どもってかわいい」、「子どもが好き」、このような思いが、保育者を目指す最初のきっかけだったという人は多いことでしょう。しかし、専門的に保育の勉強を進めていくうちに、「かわいい子どもとかかわる」ことだけが保育でないことを理解されたことと思います。保育者は、基本的な生活習慣が自立し、生きる力の基礎が培われる乳幼児期の子どもの育ちを支える専門職です。幼い子どもの命を預かることはもとより、子ども一人ひとりの未来にも大きな影響を及ぼす保育という仕事の責任の重さに、ときに押しつぶされそうになった人もいるかもしれません。しかし、それと同時に保育のやりがいや魅力を感じられたのではないでしょうか。

　さて、いよいよみなさんも保育者として保育の現場に立つことになります。みなさんが保育者を目指して養成校に入学してからこれまで、保育者になるための多くの学びがなされてきたはずです。学校での授業や実習はもちろんですが、それ以外にもボランティアやさまざまな活動等を通して、保育者になる上で大切なことを学んだに違いありません。卒業して保育の現場に立つ前に、これまでの膨大な学びを整理し、学びの再確認をしたり、不足している学びがあればそれを今のうちに補っておくことが必要になります。「教職実践演習」および「保育実践演習」の科目は、「学びの軌跡の集大成」ともいわれるもので、保育者になるみなさんのこれまでの学びを確かなものとするための総仕上げを行います。

　本書は、保育者になるみなさんの学びの総仕上げの一助となることを願って作成いたしました。各章には演習課題を設け、個人、あるいはグループで作業したり、考えたりできるように工夫してあります。また、本書では現行の幼稚園教諭と保育所保育士の免許・資格取得を目指す養成課程を踏まえて「幼稚園・保育所」と表記していますが、認定こども園（および保育教諭）での実践にも対応する内容として編集されています。そしてこの度、資料等の見直しを行い「改訂2版」として発刊いたしました。

　みなさんとの出会いを待っている子どもたちのために、このテキストを通じて、乳幼児期の子どもたちを支える専門家としてのこれまでの学びを確認し、これからの歩みへの見通しを確かなものとしていくよう学んでください。半年後、みなさんが保育者としていきいきと活躍されることを期待し、お祈りいたします。

　最後になりましたが、本書への保育場面の写真掲載に快くご協力くださいました東京学芸大学附属幼稚園小金井園舎のみなさまに心よりをお礼申し上げます。また編集に当たっては、わかば社の田中直子さん、川口芳隆さんとの実りある討議が執筆への大きな力となり、折々の的確な意見と問いが内容をより洗練させてくれました。記して感謝いたします。

　2023年2月

編者　小櫃智子　矢藤誠慈郎

もくじ

5

本書の使い方

● 本書では、保育者を目指すみなさんの学生時代の学びがさまざまな角度から確認できるように、各章に演習課題を設けてあります。演習課題には以下の種類を用意しています。

個人　　　　　　　　個人で取り組む課題
個人からグループ　　個人で取り組んだ課題をグループで発表したり検討する課題
グループ　　　　　　グループで意見を出し合い考える課題

● column では、その章またはその節に関連する情報を紹介しています。

● 本書では、幼稚園教諭と保育所保育士の免許・資格取得を目指す養成課程を踏まえ「幼稚園・保育所」と表記し解説していますが、認定こども園（および保育教諭）の実践にも対応する内容として編集されています。

● 各章の章末には、「この章の学習をおえて」として、その章で学んだことのまとめを書き込む欄を設けてあります。また、「問題解決の案内」では、卒業後の学びの手助けとなるよう、その章に関連した書籍紹介を掲載しています。

● 各章の引用・参考文献は巻末に一括掲載しております。

● 本書では実際の保育場面がイメージしやすいように、子どもたちや保育場面の写真を掲載しています。掲載の写真はイメージ写真になりますので、本文解説および事例の子どもたちの写真ではありません。

　本書の演習課題を取り組みまとめたものは、学習の内容のみではなく、学生時代の学びを卒業後に振り返ることができるポートフォリオとなります。本書内に書き込みスペースがない場合や、書き込み切れない場合は、レポート用紙などに書き込み、その課題のページに貼り込むなどするとよいでしょう。

　保育者となる人、保育者とは違う職業を選ぶ人、いずれも社会に出て、さまざまな悩みにぶつかることが多くあると思います。そのようなとき、本書を開き、学生時代の学びを振り返ることで、初心に戻ることができたり、悩みの問題解決の糸口となるなど、必ずみなさんを助けてくれるものとなるはずです。本書が卒業後のみなさんのこれからの歩みの一助になることを願い編集しております。

第1章

保育者への歩みと足跡

この章のねらい

　保育者を目指すみなさんにとって、いよいよ学生生活も残りわずかになってきました。半年後の自分を想像してみましょう。子どもたちの前に立ち、「先生」と呼ばれる日を迎えるにあたって、準備は整っているでしょうか。

　この章では、保育者になるということがどういうことかをもう一度確認し、これまで学校で学んできたこと、学生生活で経験してきたことを振り返って、専門家としての保育者になることにつながっていく道筋をたどります。残りの学生生活が有意義に過ごせるよう、自分なりの課題を見出してみましょう。

1 保育者を目指して

1．保育者を目指す私

　みなさんは、いつから、どのような理由で保育者になりたいと思ったか、覚えているでしょうか。幼稚園・保育所のころの先生に憧れた人、小学生・中学生のころに近所の小さな子どもと遊んだりお世話したことがきっかけの人、中学生・高校生のころの職場体験によって保育者の仕事に関心をもった人など、一人ひとりきっかけや思いの強さは異なると思います。

　まずは、自分が保育者を目指したきっかけを思い出し、その思いはいつごろから、どのようなプロセスを経て、保育者になろうとする今に至るのか、演習課題①にまとめてみましょう。一貫してずっと保育者を目指し続けた人、まったく異なる方向を目指していたのに何かのきっかけで保育者を選択した人、さまざまな経験の中であきらめようと思ったり、もう一度がんばろうと思ったりと紆余曲折のあった人、それぞれ今に至るプロセスには歴史があります。これまでの自分の歴史を振り返り、今、保育者になろうとする自分の立ち位置を確認しましょう。

2．思い描く保育者像

　保育者になりたいと思ったときの気持ちは今も変わらないでしょうか。自分がなりたいと思い描いた保育者に、今のみなさんは近づけているでしょうか。

　教員免許状および保育士資格を取得するために、学校では知識・技術などを学び、また実習という経験からより具体的に保育者の仕事について理解を深めてきました。学びを進めていく中で、みなさんの多くは、保育者という仕事が思っていた以上にむずかしく責任のある仕事であると感じたのではないかと思います。実習では、子どもの世界に飛び込み、子どもと生活や遊びを共有し、楽しむことができたと思います。一方で、子どもとの生活のむずかしさを実感したり、毎日の実習日誌や指導計画で苦労したことのほうが印象深いという人もいるかもしれません。

　保育者という仕事においては苦労することもあるかもしれませんが、子どもの前に立つ自分を想像し、自分が子どもだったらこんな先生と一緒に過ごしたいと思える保育者像を思い描いてみましょう。こんな先生だったらきっと「先生大好き！」と思える保育者を目指しましょう。

演習課題 **1**　保育者を目指しはじめた、あるいは幼稚園教員免許状および保育士資格を取得しようと考えてから今までの自分の思いをまとめよう。　個人

✎ **STEP ①**　保育者を目指したきっかけを思い出してまとめてみよう。

> （記入欄）

✎ **STEP ②**　保育者を目指した思いと軌跡をまとめてみよう（小学校から現在まで）。

　小学校から現在までの印象に残っている出来事を記入するとともに、保育職に就きたいという思いについて振り返ってみよう。

時期	印象に残っている出来事と保育者を目指す思い
小学校	
中学校	
高等学校	
その他	
養成校 1年生	
養成校 2年生	
養成校 3年生	
養成校 4年生	

2 保育者になるということ

　4月から保育者になろうとするみなさんは、そのスタートから保育のプロ、いわば専門家としての働きを求められます。これまでの学校の授業での学び、教育実習や保育実習など現場での体験からの学びを通して、保育に関する専門的知識と技術を身につけてきているわけですが、実際に4月に子どもたちとの生活をスタートするのに不安がないわけではないと思います。みなさんのように養成課程で専門的知識や技術を獲得していることとは別の次元で、保育者になってからの学びがあります。保育者は日々学び続ける存在といわれます。保育者になってからの姿勢が、その後の専門家としての成長の基盤となるでしょう。保育者になるということがどのような意味をもつのか、考えてみましょう。

1．省察的実践者としての保育者

　保育の展開プロセスにおける保育者の役割について秋田（2000）は図表1-1のようにまとめ、その過程には「理解する」「予想する」「デザインする」「環境の構成」「展開にそった指導と援助」「反省や評価」「新たなデザインと環境の再構成」といったさまざまな役割が含まれるとしています[1]。これによると、保育を展開するための保育内容・教材等に関する知識や子ども理解・援助などのスキル、そして保育の展開の状況に応じた援助や援助のための連携などの実践力が求められているといえます。保育のデザインと修正、環境の構成と再構成といった、保育の過程を循環的な過程としてとらえ、行きつ戻りつしながら進め、保育をダイナミックな展開として自覚することも必要だとしています。つまり保育は、子どもを理解し、計画を立て、保育を展開し、反省して次の保育に生かすという一方向的な循環のみならず、展開にそった指導と援助を行いながらも同時に状況を判断し、援助の方法を変えたり、環境を構成し直したりといった、双方向的な循環活動ととらえることができます。

　このような保育を実践しながら、子どもを理解したり、瞬間的に次にどうするかを考えたり、たった今自分が行ったことがどうだったか反省したりする行為を、省察的実践と呼びます（D.ショーン）。本書第7章で詳しく述べますが、「省察的」は、reflectiveであり、「省察」とか「反省」と訳されます（本書、p.77～参照）。専門的な知識や技術をもって保育を適切に行うことはもちろん重要なことですが、そこに知識や技術、倫理観に裏づけられた「判断」が強く求められるわけです。日々の保育における子どもとのかかわりの中で、常に自己を省察し、状況に応じた判断をしていくことが保育者になるために求められてくるでしょう。

　一方で、保育の中の瞬間的な反省だけではなく、その日の保育を振り返る、あるいは1週間の保育を振り返るなど、時間をおいて自分の行為を振り返ることもあるでしょう。

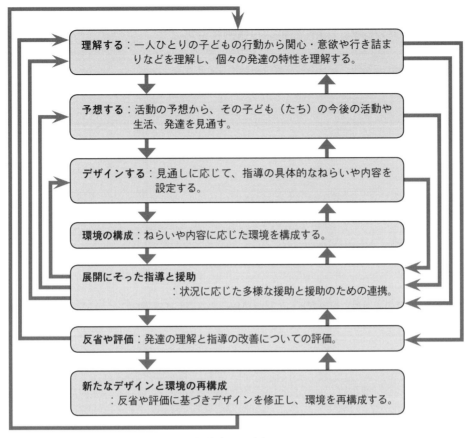

図表 1-1　保育の展開と保育者の役割 (秋田、2000 より抜粋、一部改変)

　瞬間的には判断に迷うようなことも、その日の保育がおわってから振り返ることにより、状況の読み取りにほかの可能性があったかもしれないとか、その場で行った援助が果たしてそれでよかったのか、別のかかわり方があったのではないかなど、考えることができます。おわってしまったことはどうにもすることができませんが、振り返ることによって、次に類似した状況に遭遇したときには、判断の選択肢が一つでも多く思い浮かぶでしょう。

2. 保育者としての成長と困難

　ところで、こうした保育の営みはうまくいくことばかりではありません。特に初任時には、子どもたちの発達の状況や一人ひとりの特徴がとらえきれなかったり、保護者とのかかわりなど、わからないことや困難にぶつかることもあるでしょう。こうした困難は、子ども理解や援助といった保育実践の部分でも生じるでしょうし、保育以外の仕事の中や、保護者とのかかわりや同僚、管理職の保育者との関係、待遇面などにおいて悩んだりすることもあるかもしれません。困難や悩みを抱えることは誰にもあることです。すぐに解消できない悩みや、解決できない問題もあるかもしれません。そうした状況を自ら対処しようとしたり、周囲に援助を求めたりして、乗り越えていくことでさらなる成長がもたらされるでしょう。次頁の演習課題②で理想の保育者像をまとめてみましょう。

演習
課題 **2**　　　自分の理想の保育者像について考えよう。　　　　　　　個人からグループ

✏ **STEP ①**　理想の保育者のイメージを書き出してみよう。

✏ **STEP ②**　今度の４月から保育者として社会に出るにあたって不安なこと、心配なことを書き出してみよう。

✏ **STEP ③**　保育者として社会に出る前に、どのような力を身につけたいか考えみよう。そして、その力を身につけるために、残りの学生生活の中で具体的に自分にできることを書き出してみよう。

✏ **STEP ④**　ほかの友人と、理想の保育者についてや不安や心配なことについて話し合ってみよう。

3 保育者の実践的力量

1．保育者に求められる資質・専門性

　前節でも見てきたように、保育者になるにあたっては、専門的な知識・技術と、それを踏まえた保育における実践力、また自らの実践に対する省察力も求められているといえます。保育者である幼稚園教諭および保育所保育士の資質・専門性について、国がどのように考えているのか見てみましょう。まず、文部科学省の中央教育審議会答申では、「これからの教員に求められる資質能力」を以下の3つにまとめており、これらが相互に関連し合って、教員の資質能力を構築していると考えられています。

（ⅰ）教職に対する責任感、探究力、教職生活全体を通じて自主的に学び続ける力（使命感や責任感、教育的愛情）
（ⅱ）専門職としての高度な知識・技能
　　・教科や教職に関する高度な専門的知識（グローバル化、情報化、特別支援教育その他の新たな課題に対応できる知識・技能を含む）
　　・新たな学びを展開できる実践的指導力（基礎的・基本的な知識・技能の習得に加えて思考力・判断力・表現力等を育成するため、知識・技能を活用する学習活動や課題探究型の学習、協働的学びなどをデザインできる指導力）
　　・教科指導、生徒指導、学級経営等を的確に実践できる力
（ⅲ）総合的な人間力（豊かな人間性や社会性、コミュニケーション力、同僚とチームで対応する力、地域や社会の多様な組織等と連携・協働できる力）

（文部科学省、中央教育審議会答申、2012）[2]

　こうした資質能力の獲得を目指して、この「教職実践演習」「保育実践演習」の科目において含まれるべき教員として求められる事項は以下の4つです。

① 教員として求められる使命感や責任感、教育的愛情等に関する事項
② 教員として求められる社会性や対人関係能力に関する事項
③ 教員として求められる幼児児童生徒理解や学級経営等に関する事項
④ 教員として求められる教科等の指導力に関する事項

（文部科学省、中央教育審議会答申、2006）[3]

　一方、厚生労働省が保育士の専門性としているのは、以下の6つです。

① これからの社会に求められる資質を踏まえながら、乳幼児期の子どもの発達に関する専門的知識を基に子どもの育ちを見通し、一人一人の子どもの発達を援助する知識及び技術
② 子どもの発達過程や意欲を踏まえ、子ども自らが生活していく力を細やかに助ける生活援助の知識及び技術

保育者として 求められる事項	到達目標	目標到達の確認指標例
①使命感や責任感、教育・保育的愛情等に関する事項	○教育・保育に対する使命感や情熱をもち、常に子どもから学び、ともに成長しようとする姿勢が身についている。	○誠実、公平かつ責任感をもって子どもに接し、子どもから学び、ともに成長しようとする意識をもって、指導に当たることができるか。
	○高い倫理観と規範意識、困難に立ち向かう強い意思をもち、自己の職責を果たすことができる。	○保育者の使命や職務についての基本的理解に基づき、自発的、積極的に自己の職責を果たそうとする姿勢をもっているか。
		○自己の課題を認識し、その解決に向けて、自己研鑽に励むなど、常に学び続けようとする姿勢をもっているか。
	○子どもの成長や安全、健康を第一に考え、適切に行動することができる。	○子どもの成長や安全、健康管理に常に配慮して、具体的な教育活動を組み立てることができるか。
②社会性や対人関係能力に関する事項	○保育者としての職責や義務の自覚に基づき、目的や状況に応じた適切な言動をとることができる。	○あいさつや服装、言葉づかい、他の保育者・職員への対応、保護者に対する接し方など、社会人としての基本が身についているか。
	○組織の一員としての自覚をもち、他の保育者・職員と協力して職務を遂行することができる。	○他の保育者・職員の意見やアドバイスに耳を傾けるとともに、理解や協力を得ながら、自らの職務を遂行することができるか。
		○組織の一員として、独善的にならず、協調性や柔軟性をもって、園や施設の運営に当たることができるか。
	○保護者や地域の関係者と良好な人間関係を築くことができる。	○保護者や地域の関係者の意見・要望に耳を傾けるとともに、連携・協力しながら、課題に対処することができるか。
③子ども理解やクラス経営等に関する事項	○子どもに対して公平かつ受容的な態度で接し、豊かな人間的交流を行うことができる。	○気軽に子どもと顔を合わせたり、相談に乗ったりするなど、親しみをもった態度で接することができるか。
	○子どもの発達や心身の状況に対して、抱える課題を理解し、適切な指導・援助を行うことができる。	○子どもの声を真摯に受け止め、子どもの健康状態や性格、生育歴等を理解し、公平かつ受容的な態度で接することができるか。
		○社会状況や時代の変化に伴い生じる新たな課題や子どもの変化を、進んでとらえようとする姿勢をもっているか。
	○子どもとの間に信頼関係を築き、クラス集団を把握して、規律あるクラス経営を行うことができる。	○子どもの特性や心身の状況を把握した上でクラス経営案を作成し、それに基づくクラスづくりをしようとする姿勢をもっているか。
④保育内容等の指導力に関する事項	○「幼稚園教育要領」「保育所保育指針」の内容を理解しているなど、指導の基本的事項（5領域の内容など）を身につけている。	○自ら主体的に教材研究を行うとともに、それを生かした指導案を作成することができるか。
		○「幼稚園教育要領」「保育所保育指針」の内容を十分理解し、保育内容を組み立てたり、子どもの主体的な体験の中に意味を見出したりするとともに、子どもからの質問に的確に応えることができるか。
	○話し方、表情、所作など、指導を行う上で基本的な表現力を身につけている。	○所作や、発問、的確な話し方など基本的な保育技術を身につけるとともに子どもの反応を生かしながら、集中力を保った保育を行うことができるか。
	○子どもの反応や学びの定着状況に応じて、保育の計画や教材、環境構成等を工夫することができる。	○個々の子どもの活動の実態に即して、その体験の意味を深めたり、さらに活動を発展させるためのアイディアを提示したり、保育環境を見直すなど、子どもの学びの定着を図る指導法を工夫することができるか。

図表 1-2　「教職実践演習」「保育実践演習」における到達目標および目標到達の確認指標例

（岡山大学教育学部「教職実践ポートフォリオ（幼児教育コース）」2010 より引用、一部改変）[4]

③ 保育所内外の空間や様々な設備、遊具、素材等の物的環境、自然環境や人的環境を生かし、保育の環境を構成していく知識及び技術
④ 子どもの経験や興味や関心に応じて、様々な遊びを豊かに展開していくための知識及び技術
⑤ 子ども同士の関わりや子どもと保護者の関わりなどを見守り、その気持ちに寄り添いながら適宜必要な援助をしていく関係構築の知識及び技術
⑥ 保護者等への相談、助言に関する知識及び技術

（厚生労働省『保育所保育指針解説』2018）[5]

　文部科学省が示す資質・専門性は、幼稚園以外の学校種（たとえば小・中学校など）も含まれており、厚生労働省の示す専門性を含め、保育者に求められる事項としてまとめ直したものが前頁の図表1-2です。

2．学生生活の振り返り、今後の課題

　いよいよ4月から子どもたちの前に立とうとしているみなさんは、準備は整いつつあるでしょうか。長いように思える学生生活は、これからはじまる保育者人生の中でははじまりのほんの数年にすぎません。その学生生活の間にみなさんはたくさんの授業を履修することによって、保育を中心とした保育職にかかわる知識、そこにとどまらない幅広い教養を身につけてきたと思います。また、教育実習、保育実習などを経験し、保育者や子どもと出会い、保育の仕事のやりがいを感じたり、一方でむずかしさを感じたりしたかもしれません。あるいは普段の生活の中でも、保育者になることを意識してボランティアや子どもとかかわる活動をしてきた人もいるかもしれません。こうした学生生活での学びはみなさんの「履修カルテ」に書かれていることでしょう。

　次の演習課題③では、履修カルテを参考に、これまでの学生生活で学んだこと、経験したことを、図表1-2の保育者として求められる4つの事項に照らし合わせて整理してみましょう。一つの授業、一つの活動が複数の事項にまたがっていることもあるでしょう。それは、その経験が多様な意味をもつ複合的な経験であることを意味しています。整理することによって、自分が学んできたはずの部分、学んできたはずなのに自信がない部分、これからより深めていかなければならない部分が明らかになってくるでしょう。自分の学生生活を振り返り、課題を明確にし、残りの学生生活の過ごし方を考えてみましょう。

演習
課題 **3**　　　学校での学びや生活を振り返って、整理してみよう。　　　　　個人

✎ STEP ①　履修カルテを見ながら、それぞれの授業科目で学んだことが先にあげた保育者として求められる4つの事項にどのようにつながっているか、図表 1-2 を参考にしながら整理しよう。学校の授業だけでなく、部活やサークル、ボランティアやアルバイトなどの経験もあわせて整理しよう。

【1年次】

保育者として求められる事項	学び（授業科目名（実習を含む））	生活（部活・サークル・アルバイト・ボランティアなど）
①使命感や責任感、教育・保育的愛情等に関する事項		
②社会性や対人関係能力に関する事項		
③子ども理解やクラス経営等に関する事項		
④保育内容等の指導力に関する事項		

【2年次】

保育者として求められる事項	学び（授業科目名（実習を含む））	生活（部活・サークル・アルバイト・ボランティアなど）
①使命感や責任感、教育・保育的愛情等に関する事項		
②社会性や対人関係能力に関する事項		
③子ども理解やクラス経営等に関する事項		
④保育内容等の指導力に関する事項		

【3年次】

保育者として求められる事項	学び（授業科目名（実習を含む））	生活（部活・サークル・アルバイト・ボランティアなど）
①使命感や責任感、教育・保育的愛情等に関する事項		
②社会性や対人関係能力に関する事項		
③子ども理解やクラス経営等に関する事項		
④保育内容等の指導力に関する事項		

【4年次】

保育者として求められる事項	学び（授業科目名（実習を含む））	生活（部活・サークル・アルバイト・ボランティアなど）
①使命感や責任感、教育・保育的愛情等に関する事項		
②社会性や対人関係能力に関する事項		
③子ども理解やクラス経営等に関する事項		
④保育内容等の指導力に関する事項		

✎ **STEP②**　保育者になるために、残りの学生生活をどのように過ごすか、自分の課題を考えてみよう。

この章の学習をおえて ━━━●この章で学んだことをまとめてみよう

第1章　問題解決の案内

　保育者になるための勉強をしてきて、専門家としての第一歩を踏み出そうとしていますが、本章で述べたように、保育者は学び続ける存在です。現場で問題にぶつかってはじめて「もっと勉強しておけばよかった」「もっとこのことについて学びたい」という欲求が生まれることもあります。いつになっても学びのチャンスはありますので、積極的に学びを深めていってください。

『**保育の心もち2.0─新たな窓をひらく**』秋田喜代美、ひかりのくに、2021

　　日々の保育に見られる子どもたちの姿、保育者としての姿勢、保育の質・園の質の向上、保育における現代的課題など、さまざまなトピックについて事例を交えてわかりやすく解説している。保育者になった自分を想像しながら読むことで、より具体的な保育者像を描くことができる。

『**秋田喜代美と安見克夫が語る　写真で見るホンモノ保育─憧れを育てる**』
秋田喜代美・安見克夫、ひかりのくに、2013

　　園での1年間の子どもの育ちの姿、四季折々の季節を生かした保育などが写真とキャプションで紹介され、園での暮らしの見通しや期に応じた実践の実態のより具体的な理解をもたらしてくれる。

第2章

子ども理解の
方法と実際

　幼稚園や保育所での保育は環境を通して行うものであり、乳幼児期にふさわしい保育の展開が求められます。そのためには、まず一人ひとりの子どもの理解を深めることが必要になることは、すでに学んできていることでしょう。

　それでは、「子ども理解」とは子どもの何をどのように理解することなのでしょうか。保育における子ども理解の方法やその重要性について考えてみましょう。

1 保育における子ども理解の方法

1. 子どもを実践的に理解する

　みなさんはこれまで、学校で学んだ子ども理解に関する理論を、幼稚園や保育所で行われた実習と結びつけながら、子どもの理解を実践的に行ってきたことでしょう。保育者は、子どもと生活をともにしながら、その子が今、何に興味をもっているのか、何を実現しようとしているのか、何を感じているのか、何を考えているのかなど、子どもが経験していることとその内面をとらえ続けていかなければなりません。こうした子ども理解が適切に行われることによって、子どもたちの育ちを促す経験を提供するための環境構成や保育者の援助を考えることができるようになっていきます。

　そのためには、子どもの行動から、一方的にその行動の意味を決めつけて解釈すること、発達の道筋に照らし合わせて、何歳だからこういうことができているはずだと基準をもとに優劣をつけるようなこと、子ども同士の比較を行うことなどは、保育における子ども理解においては行いません。一人ひとりの子どもとふれあいながら、子どもの言葉や表情、動きなどから、思っていることや考えていることを理解し、受け止め、その子のよさやその子らしさ、あるいは可能性を考えます。「この子はこういう子だから」と決めつけたり、すぐにわかったと思い込んだりせず、「……ではないだろうか」「……かもしれない」と、目に見える表情や言動から内面を推し量ることが求められます。

　文部科学省から発行されている『幼稚園教育指導資料第3集　幼児理解と評価』「第1章　幼児理解と評価の基本」には、子どもを理解することと理解に基づき推測するということについて、以下の3つのポイントがあげられています。

> ・幼児の生活する姿から、その幼児の心の世界を推測してみる
> ・推測したことを基にかかわってみる
> ・かかわりを通して幼児の反応から新しいことが推測される
>
> （文部科学省『幼稚園教育指導資料第3集　幼児理解と評価』「第1章　幼児理解と評価の基本」2010）[1]

　行動を見て、推測して、かかわりから新たな推測が導かれるという循環の中で、子どもの行動の意味が見えてきます。それでは、子どもの何を理解するのか、考えてみましょう。

（1）子どもの発達的特徴を理解する

　いうまでもなく、子どもの発達状況を理解することは、その子どもへの援助を考える上で必要不可欠なことです。言葉、情動の表出や自己コントロール、運動機能などといった、さまざまな側面における発達の状況はどうなっているのかを理解し、発達における課

題を確認することも求められます。ただし、発達を理解することは、前述のようにその子の「できる・できない」を評価することではなく、発達しつつある姿としての子どもをとらえ、援助の方向性に示唆を得ることができるよう理解していくことが大切です。

(2) 子どもの基本的な生活習慣を理解する

　幼稚園・保育所は、子どもの生活が展開される場です。衣服の着脱や食事、排泄の自立などは、家庭生活が基盤になりますが、園においてもそれらが自分でできるよう援助していきます。こうした生活習慣の確立は、これらの行動が単に繰り返し行えるようになるだけでなく、その必要性を理解しているか、自分から進んでできているかということも大切です。しかし、「できるはずなのにやらない」「できるはずなのに脱いだものをたたむのが雑になってしまう」といったことも子どもの生活の中では生じます。そんなとき「なぜ？　どうして？」を考えることが理解につながりますし、そのためには「できる・できない」の視点だけでなく、「やりたい・やりたくない」、「ていねいかどうか」などといった視点も必要になるでしょう。

(3) 子どもの遊びを理解する

　保育において子どもの遊びを理解するということは、単に「何をして遊んでいるか」を理解することではありません。遊びのはじまりから今に至るまでのプロセスや、その過程での子どもの興味・関心の程度やどれだけ持続しているかということもあります。また、同じ遊びでも、子どもの感じていることはさまざまで、その遊びのどこがおもしろいのか、楽しいのか、あるいは何かに挑戦しようとしているのかといった内面の理解も必要になります。さらには、その遊びを通して子どもたちが経験していることは何か、たとえば何かを考えていたり、何か新しい動きをやっていたり、かかわったことのない友達とかかわっていたり、友達と今までとは違うかかわり方をするなど、その遊びのもつ意味の理解も求められるでしょう。

(4) 子どもの人間関係を理解する

　子どもを理解することにおいて、一人ひとりを理解することだけでなく、その子どもを取り巻く人間関係の理解も必要になります。個々の理解からはじまり、よく一緒に遊ぶ友達やグループとの関係の理解、クラス集団全体の中での理解などがあります。子どもは他

者との関係の中で、自己を発揮したり、主張し合ったり、お互いの主張を受け入れたり、気持ちを調節したり、さまざまな経験をして、人とのかかわりにおける望ましい態度を身につけますし、それらは道徳性や規範意識の芽生えの形成にもつながります。いつも遊んでいた友達とけんかをしてしまったことによって、ほかの活動への意欲が低下することなどもあり、人間関係の変化も理解することが求められます。

2. 子ども理解と記録

　記録は、経験したこと、気づいたこと、感じたことなどを目に見える形で残してくれます。私たちの記憶には限界があるので、目に見える形で残しておきたいものは記録に残す必要があります。記録はそれを書くことによって、自分の保育を対象化し、意味を考える作業になりますし、記録を読み返すことによって、自らの保育を振り返る手がかりになります。また記録をもとに話し合ったりすることを通して、自分の保育を他者と共有するとともに、他者の視点や価値観にふれる機会となります。それによって、子どもの姿からその経験やその意味を理解しようとする際の視野が広がり、多様な解釈へとつながり、保育者自身の子どもを理解する力の高まりにもつながるでしょう（本書、p.24〜25参照）。

　記録は、さまざまな形式のものがあります。みなさんが実習で書いた記録には、時系列にそって一日の保育の流れを記録したものや、その日気になった子どもの様子や遊びの様子などを記したエピソード記録などがあったのではないかと思います。そのほかの記録の例を紹介しましょう。

（1）個人の記録から理解する

　図表2-1は、1枚の用紙にクラス全員分の枠があり、その日の一人ひとりの様子を記入する形の記録の例です。一日の中で、それぞれの子どもがどのように過ごしたのか、何に興味があったのか、どんなことに困っていたのか、必要な経験やそのための援助は何かなどを考えて書くことができます。この形式では、その日見ることができなかったり印象に残らなかった子どもは空欄になります。自分の見方の偏りや、見ているはずなのに印象に残らない子どもなどがわかり、次の日の子ども理解の手がかりを与えてくれま

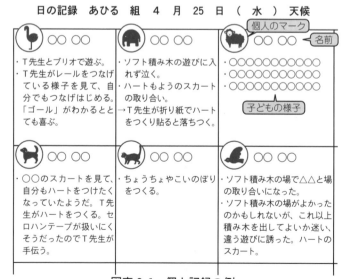

図表 2-1　個人記録の例
（東京学芸大学附属幼稚園小金井園舎、2013）[2]

す。このような形式の記録は、入園間もない時期で園に慣れていない子どものことを理解して保育者との関係形成に役立てたり、年齢が低い場合など、一人ひとりの個別の活動が展開されたり、遊びのペースが異なる場合などには有効な方法になると考えられます。

（2）マップ型記録から理解する

　河邉（2008）が提案したマップ型記録は、その名のとおり遊びを空間的にとらえることができるという特徴があります。図表2-2のように、中央に子どもが遊びや生活を展開する環境図をあらかじめ描いておき、それぞれの場所で誰が何をしていたかを記入していくものです。そしてそのすぐ脇にはどのように遊んでいたのか、何を経験していたのかとい

サンプルC（保育歴12年目）保育マップ型記録

　　11月25日　2年保育5歳児さくら組
　　在籍　男児21、女児14　計35名

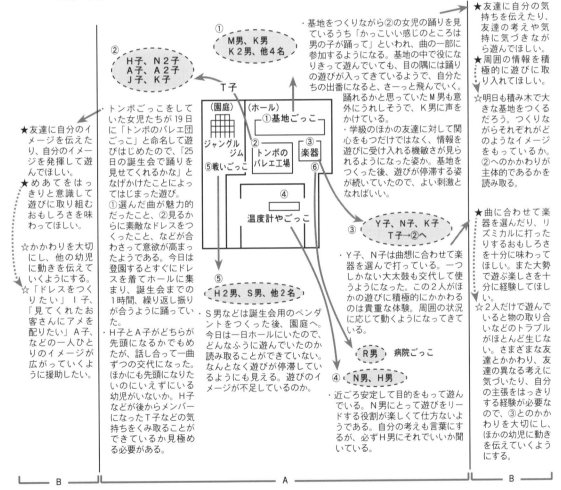

図表 2-2　保育マップ型記録の例（河邉貴子、2008）3)

う実態を書き込み（図中 A）、それをもとに、それぞれの子どもや遊びのグループに経験させたい内容（図中 B の★）、さらには翌日の具体的な援助の方向（図中 B の☆）も記すものです。この記録は、同時進行する複数の遊びを把握することができ、遊びの展開や方向性、そこにいる子どもの関係性も理解することができるというメリットがあります。

　しかしながら、遊びのグループなどある程度子どものまとまりがある場合や、遊びが継続している場合には有用ですが、年齢が低い場合など、一人ひとりが個別の遊びをしていたり、日によって遊びが断続的に変わるようなときには、活用はむずかしいかもしれません。

3. 保育カンファレンスの重要性

（1）保育カンファレンスとは

　子ども理解の方法の一つに、「保育カンファレンス」があります。「カンファレンス」は「相談」と訳されることから、「保育相談」ということもできますが、保育カンファレンスとは、自分たちの保育実践について協議することです。そこでは何をするのでしょう。

　園によっては保育者同士で行うこともあれば、園長・主任等管理職や外部の保育者・研究者が参加して行うこともあります。そこでは、実践事例について、担任保育者の子どもの姿の読み取りや援助の妥当性について、協議が行われます。保育について話し合うという点では、その日の保育での出来事を保育後の掃除をしながらほかの保育者と話すこと、職員室に戻ってから、あるいはお茶を飲みながら話すことも、保育カンファレンスに含まれるかもしれません。

（2）保育カンファレンスにおける保育者の姿勢

　保育者が「相互に様々な幼児に関わり、互いの見方を話し合うことで、幼児理解を深められる」[4]という点においては、保育カンファレンスは有効な子ども理解の手段です。しかし、子どもが一人ひとり違うように、保育者も一人ひとり経験や考え方が異なりますから、話し合いにおいて留意することがあります。

　① 一つの「正解」を求めようとせず、多様な意見が出されることによって、多角的な
　　視点が獲得され自分の枠が広がる
　② 建前ではなく本音で話すこと

③ 先輩が若い人を導くということではなく、それぞれがその課題を自分の問題として
　 考えていく姿勢をもつこと
④ 相手を批判したり、優劣を競おうとしない

（森上史朗・柏女霊峰編『保育用語辞典 第7版』ミネルヴァ書房、2013）[5]

　ここに示されているように、保育カンファレンスは保育者の子ども理解やかかわりが正しいとか間違っているとかを判断することではありませんし、何か一つの結論を出すことでもありません。保育者同士がお互いの意見に耳を傾け、自分だったらどのように考えるか、なぜその保育者がそのように考えるのかということに思いをめぐらせます。他者の考えを知ることで、多様な解釈の可能性を得ることができます。また、子どもの姿を共感的に理解することが求められますが、どうしても共感的になることがむずかしいときなど、共感できない自分をさらけ出す、つまり自分の内面をさらけ出すことが「本音で話す」ということです。

　保育カンファレンスが外部の保育者や研究者を招いて行われる場合や、園長・主任等管理職が参加して行われる場合は、指導者・助言者としてその場に参加することになるので、「指導を受ける」というスタンスになりやすいです。しかし、指導者・助言者の一方的な指導ではなく、自分の思いを伝え、対話の中からさまざまな可能性を導き出す、つまり一緒に保育をつくっていく姿勢が求められます。

　保育カンファレンスは、保育者の語りや記録の中から問題に気づき、問題に向き合うプロセスといえます。お互いの考えにふれ、自分の理解や解釈の傾向に気づいたり、自分が無意図的に行っていることに気づいたりすることもあります。有意義なカンファレンスが行われるためには、こうしたことに留意する必要があるでしょう。

（3）保育カンファレンスの有効性

　保育カンファレンスは、多面的な子ども理解、子どもの経験したことの多様な読み取りが可能になり、援助を考える上で豊かな示唆を与えてくれます。そのことにより、保育者としての専門性を高めることにもつながります。

　また、保育者同士での意思疎通を図ることができ、お互いを尊重する保育者集団の形成が可能になります。また、悩みや困難を表明し、共有したり、困難を乗り越えることを支えてくれます。保育者集団のチームワークをより強いものにし、お互いの専門性を高めるような保育者集団になることで、園全体の保育がよりよいものになると考えられます。

2 保育における子ども理解の実際

　ここでは事例を通して、子ども（たち）の姿を保育者がどのように理解するのか、その手がかりはどのようなものがあるのかを考えてみましょう。

1. やりたくない気持ちを理解する

事例 ① お弁当を食べたくない……（4歳児・6月）

　夏が近づき、蒸し暑い日が続いている。B子は突然、弁当を食べるのを嫌がり、2日続いて〝お弁当の時間〟に弁当を食べなかった。保育者が「少しだけ食べてみよう」「好きなものだけ食べてみよう」「食べたらきっとお母さんうれしいんじゃないかな」など、声をかけてみるが、まったく食べようとしない。昨日は弁当の準備はしたものの、「いただきます」で弁当を開いた瞬間にすぐに閉じてしまった。今日は弁当を準備しようともしない。

● 保育者の読み取り

　弁当を食べない理由はいろいろ考えられる。母親が園でみんなとなら食べられるだろうと思って嫌いなものを入れていたのかもしれない。ただ体調がすぐれないだけかもしれない。弁当とは関係ないところで、園で嫌なことがあったのか、家で母親に叱られたりしたのかもしれない。保育者はB子の見せる姿に、いろいろな理由を考えてみたし、そのことについて母親にもたずねてみたが思い当たる節がないという。

● B子が弁当を食べないのは

　B子が弁当を食べなかった日、B子のグループでは「今日、私、デザートぶどう」「ぼくもー」、また「今日、おれ枝豆入ってるー」「私もー」と弁当の中身について、何をもってきているか、また同じものをもってきていることを表明し合って盛り上がっていた。B子は弁当の時間になってはじめて中身を確認し、みんながいい合っているものが一つも入っていないことがショックだったようだ。保育者が気づかなかったのは、〝お弁当の時間〟によく見られる光景であり、子どもたちがやりとりを楽しんでいると思い込んでいたためであった。

　子どもがいつもと違う姿を見せ、それが保育の中で「気になる」姿である場合に、私たちはその背景や理由を知りたいと思いますが、「いつも見られる楽しいやりとり」という思い込みがB子に対する理解を妨げた結果になったわけです。自分自身の子どもを見る見方や価値観を見直し、常に自分に問いかけていく姿勢が求められます。

２．遊びのおもしろさを理解する

事例 ② お化け屋敷ごっこ（5歳児・11月）

> 　5人の男児が箱積み木を積んで壁にし、その上にベニヤ板をかぶせて真っ暗な空間をつくり、お化け屋敷ごっこをしている。偶然できたベニヤ板の隙間から、お化けの絵を描いた紙を洗濯ばさみに挟んでつるし、お客さんが入ると、目と目で合図をしてタイミングを計り、同時に洗濯ばさみを開いてお化けを落とすしかけができている。

● **保育者の読み取り**

　最初はお化け屋敷を真っ暗にしようとしてベニヤ板を詰めて並べていたが、偶然できた隙間から差し込む光があることでお化け屋敷の中がぼんやり見えており、その隙間から洗濯ばさみでお化けをつるすと、それがぼんやり見えてよいのではないかというアイデアを出した子どもがいることに気づいて、必要な道具を用意したり、「洗濯ばさみでつるすとお化けがゆらゆらしていいねぇ」などと声をかける。

● **子どもたちが楽しんでいること**

　子どもたちが楽しんでいたのは、無言でタイミングを合わせて洗濯ばさみをいっせいに開いてお化けを落として驚かすことであり、保育者はそのことに気がついていない。

　子ども同士の視線の共有や、タイミングを計っている様子などから、子どもがお化け屋敷ごっこのどこにおもしろさを感じているのかが理解できます。保育者がその遊びのおもしろさを多面的にとらえる必要があると考えられます。子どもは私たちが思いもよらないようなことにおもしろさや楽しさを見出したりします。「もし、自分が子どもだったら」という、子どもの視点に立ち、いろいろな遊びの中で子どもたちが経験していること、感じていることに共感することができるよう、日々の子どもとの生活を積み重ねていくことが大切です。

　これから保育の現場に出ていこうとするみなさんは、最初から子どものことを十分に理解できるとは限りません。「理解しやすい場面・理解しにくい場面」もあるでしょうし、「理解しやすい子ども・理解しにくい子ども」もいるでしょう。つい私たちは理解しやすいほうに目が向いてしまいやすいですが、理解しにくいことに対して、あえて理解しようとする姿勢をもち、そのための多面的な視点をもった見方をすること、また一つの理解にとどまらず、多様な解釈の可能性を導き出していくことも必要です。子どもとともに生活する中で、子どもの行動の背景や理由、子どもの経験している内容やその経験の意味などについて考え、考えたことを記録として残していくことで、子どもを理解することの幅の広がりと深まりがもたらされるでしょう。

演習
課題 **1**　　次にあげる事例について考えよう。　　　　　　　　個人からグループ

　7月、暑い日が続き、幼稚園ではプールで水遊びをする姿が見られる。今年幼稚園に入園したC太は、「入りたくない」といって、プールに入るのを嫌がっている。

STEP ①　C太が入りたくない理由を推測してみよう。

STEP ②　理由を知るためにどのような手がかり（C太の何を観察するのか、母親に何をたずねるのかなど）が必要か考えてみよう。

STEP ③　STEP ①、②で考えた内容を友人と共有し、話し合ってみよう。

演習
課題 **2**　　写真を見て子どもを理解してみよう。　　　　　　　　個人からグループ

STEP ①　写真の子ども（たち）の様子から、子どもの遊び、人間関係、内面、前後の活動の流れを推測して、記録を書いてみよう。

【写真1】　3歳児6月「帰りの会」の前

子どもの遊び

人間関係

内面

【写真 2】 5歳児 10月「好きな遊び」の時間

子どもの遊び	
人間関係	
内面	

STEP ②　書いたものをもとに話し合い、子ども理解についての意見交換をしよう。解釈の多様性について気づいたことをまとめよう。

演習課題 3　保育記録を書きカンファレンスをしてみよう。　　個人からグループ

STEP ①　保育教材 VTR を視聴し、記録を書いてみよう。

STEP ②　書いた記録に基づいて、担任保育者役と参観者役（保育を観察していた人）に分かれて、カンファレンスをしてみよう。

この章の学習をおえて ━━━━● この章で学んだことをまとめてみよう

第2章 問題解決の案内

　　保育は子ども理解なしには行うことはできません。まだ経験の少ないみなさんは、子ども
の姿の読み取りに偏りがあったり、解釈の多様性という点ではまだまだ乏しいかもしれませ
ん。より多くの実践事例にふれ、自分が保育者になったつもりで、その場面を思い描いてみ
ましょう。

『幼児理解に基づいた評価』文部科学省、チャイルド本社、2019
　　文部科学省から発行されている指導資料集の一冊。幼児理解と評価における保育者の姿勢や、
　　具体的な方法、実践事例などをわかりやすく解説している。また幼稚園幼児指導要録をまと
　　める道筋も、事例を提示しながら紹介している。

『子どもごころ—幼児が生きている豊かな時間』河邉貴子、春秋社、2006
　　筆者が園長として経験した幼稚園でのエピソードが描かれ、記述されたエピソードを読むと
　　その場面を想像することができる。子どもの姿を記録すること、その意味を考えることの重
　　要性と、保育者の理解の深さを垣間見ることができる。

第3章

気になる子どもの
　　行動の理解と対応

この章のねらい

　みなさんは今までの実習の中で、多くの子どもたちに出会ってきたことでしょう。
「どんな子どもたちに出会ってきましたか？」と聞かれたとき、どのような子ども
たちの顔や姿が思い浮かびますか。とても元気だったＡちゃん、おとなしい子だっ
たＢちゃん、話したいことが溢れてくるＣちゃん、無口だったＤちゃん、すぐなつ
いてくれたＥちゃん……。多くの子どもたちの顔が浮かんできたことと思います。
一方で、なぜか気になっていた子ども、障害をもっていてどのようにかかわればよ
いか悩んだ子どもの姿を思い浮かべた人もいるかもしれません。

　この章では、"私にとって"ちょっと気になる子ども、"私が"配慮をすべき障害
児をどのように理解し、どのようにかかわるか、ということについてじっくり考え
ていきたいと思います。

1 気になる子どもの行動の理解

　幼稚園や保育所には、障害をもつ子どもや障害と診断されていなくても、個別な配慮が必要とされる気になる子どもなど、さまざまな子どもたちが生活しています。ここでは障害児や気になる子どもなど、特別な配慮が必要とされる子どもの行動をどう理解し、保育者としてどのように援助していけばよいかについて考えてみましょう。

1．保育現場で気になる子ども

　みなさんは、実習のとき、なぜだか気になる子どもに出会いましたか。予測ができない行動をする子ども（突発的に飛び出す、突き飛ばす、大きな声を出す、泣き出すなど）、同じことを繰り返す子ども、自分の思いを強く主張する子どもなどに出会った場合、気になる子どもとして語られることが多い気がします。しかし、気になる子どもの姿を行為レベルで語るとき、子どもがなぜそのような行動をするのか、という気持ちの部分に目が向けられないことが多く、「なぜか」「意味もなく」と語られてしまいがちです。

　"行為には、必ず理由がある"ということを忘れずに、ていねいに子どもの姿を見つめていきたいものです。

事例 ①　自転車に乗っている子を引きずり降ろそうとするA男（3歳児・6月）

　園庭にある三輪車が大好きなA男は、園庭に出ると三輪車をめがけて走っていく。乗れたときは笑顔で満足するまで乗り続けるが、ほかの子が先に乗っていると怒ってしまい、大きな声で泣き叫び、乗っている子どもを引きずり降ろそうとすることが続く。

● 保育者の思い
　衝動を抑えられず、待てない。このような姿に対し、どのように援助すると効果的か、悩んでいる。

　このようなことが連日続くと、担任として悩んでしまうことでしょう。どうにか待てるようになってほしい、と願うことでしょう。

　しかし、ここでは一度、「なぜ、大きな声を発するのか」「なぜ、泣き叫ぶのか」「なぜ、乗っている人を降ろそうとまでするのか」など、A男が怒って泣き叫びながら友達を引きずり降ろそうとするときの気持ちを考えてみる必要があります。

　私たちはA男ではないので、A男の思いを推測しながらかかわることしかできません。そして、そのかかわり方によってA男の行動が変わったとき、A男の気持ちが読み取れたのかもしれないと思えるのです。

　この事例で、実際に担任の保育者はあれこれ思い悩み、いろいろな声かけをしながらA男と一緒に待つことを試みます。そして、A男が待てるようになったのは、いつになった

ら自分の順番になるのか、自分が降りるべきなのかをわかりやすく目に見える形で示す試みによるものでした。A男が自ら見通しをもてるように、自転車置き場を"自転車ステーション"に見立ててチョークで絵を描き、三輪車の走行コースや踏切を描いてみたことがきっかけでした（本書、p.38→演習課題①）。

　何が不安なのだろうか、何に困っているのだろうか、ということに目を向け、援助をしていくことが大切だといえるでしょう。

2．保育現場で必要な配慮

　幼稚園・保育所に通っている子どもたちの中には、入園前の段階もしくは入園後に、診断名がつく場合があります。後者の場合、保育者から見て子どもの育ちが気になり、病院や専門機関につなげ、そこで診断名がつくことになる場合もあります。保育者が受診などをすすめる場合、決して診断名をつけてほしくて他機関をすすめるわけではありません。なぜなら、生活をともにする保育者にとって、診断名はさほど大きな意味をもたないからです。したがって、診断名によって目の前の子どもへのかかわり方自体が変化する、ということはありませんが、かかわり方のヒントとなることはあるでしょう。

事例 ②　発語が少ないB美（2歳児・2月）

　B美（2歳児クラス）は発語が少なく、言葉での指示が理解できないためか、みんなで動くとき、何をすればよいのかがわからず、ぼんやり過ごすことが多く見受けられた。

● 保育者の思い
　3歳児健康診査（以下、3歳児健診）を控え、保育者から保護者へ、園で言葉があまり出ていないこと、言葉での指示があまり理解できていないように思えることが日常の中で気になっていると伝え、家でも様子をみてほしいこと、そして、できれば3歳児健診の際、相談してみてほしいということを伝えた。3歳児健診で保護者が相談をしてみると、専門機関を紹介され、検査をした結果、"発達障害・言語発達障害"という診断名がつく。そして、B美は言語教室に通うことになり、少しずつ、単語ではあるが、言いたいことをはっきりと伝えられるようになり、心なしか、表情も明るくなったように見えた。

　担任として、気になる子どもの姿をどのように伝えるか、ということはとてもデリケートなことだといえるでしょう。信頼関係ができているか、タイミングは適しているかなど、さまざまなことに配慮をしなければなりません。

　この場合、診断名がついたことが大切なのではなく、その子が困っていることに目を向け、言葉でいわせることを無理強いするのではなく、単語での表現を適切に読み取りながら心地よい空間をつくることができたことが大切だといえるでしょう。診断名、というラベリングにとらわれず、その子の"今"をていねいに見ていくことが保育者には必要な眼差しだといえるでしょう（本書、p.38→演習課題①）。

2 自分の見方を自覚する

　気になる子ども、という呼び方をする場合、気になっている主体は"私"であることを自覚することが必要です。私にとってはとても気になるけれど、他者にとってみればまったく気にならない、ということも十分あり得るのです。

　たとえば、まわりのことをあまり気にせずに、のびのびとマイペースに過ごしているK也がいるとします。このような表現をするとき、K也は特別気になる存在ではないと思われます。しかし、別の人から見れば、「自己中心的な面があり、まわりの人が困っていることに気がつかないK也くん」というふうに映っているかもしれません。この場合、K也はおそらくクラスでとても気になる子どもとなっていることでしょう。

　ここでは、自分の価値観を意識しつつ、目の前の子どもを丸ごと受け止める理解とは何か、理解してかかわるとは何か、について考えていきましょう。

1. "私にとっての好ましい姿"を自覚し、ていねいに見つめる

　みなさん自身が、どのような子どもの姿を好ましいと思うかによって、どのような状態が気になるかは異なってくるでしょう。

　実習等で子どもの姿を"こだわり"と表現したり、そのように表現されている姿を見たことはありませんか。たとえば、ミニカーでじっくり遊ぶ子どもの姿、水遊びをし続ける子どもの姿などが"こだわり"と表現されることはときどき見られます。そのときの子どもの姿は以下のどの表現が一番適切なのでしょうか。その受け止め方によって、印象はだいぶ変わってくるでしょう。

　① 一つのことに集中し、じっくり遊ぶ

　② 一つのことに集中しすぎるためか、ほかのものにはあまり興味を示さない

　③ 一つのことにのみ集中し、ほかの誘いには耳を傾けない

　何かに集中することは、大切なことです。また、好きな遊びがあって、集中してじっくり取り組むことは乳幼児期の発達の視点から見て、とても大切なことです。②と③を具体的にイメージしてみると、どのような印象をもちますか。

　さて、これを、勉強に置き換えてみましょう。

　① 算数の計算ドリルに集中し、じっくり取り組むことができる。

　② 算数の計算ドリルに集中しすぎるためか、国語のドリルにはあまり興味を示さない。

　③ 算数の計算ドリルにのみ集中し、ほかのドリルに取り組むように声をかけても計算ドリルのみをし続ける。

　遊びと同様に、好きな教科があり、集中して取り組む姿は好ましい姿だといえます。また、ある教科に限定されるのではなく、できればまんべんなくいろいろな教科に前向きに

取り組んでもらいたいと思ってしまいます。しかし、得意分野が一つでもあれば、それは素敵なことかもしれません。みなさんも好きな教科や嫌いな教科があると思います。テストの前など、つい好きな教科ばかりを勉強してしまい、同じような偏りを感じることがあるのではないでしょうか。

　また、②の状態で、気になる人もいますし、③の状態ではじめて気になる人もいます。この違いは、感覚的なものだといえるかもしれません。自分自身の性格や育ってきた中での価値観に大きく左右されていることを自覚することが必要です。

　遊びに話を戻しますと、気になる時点が②であれ③であれ、大事なのは、好きなことにとことん取り組めるような環境を大切にしつつ、好きなこと以外にも興味をもてるように働きかけること、また、なぜそのほかのことには興味を示さないのかについて考え、そこに働きかけていくことだといえるでしょう。「なぜ」「どうして」と根拠を考えていくことが大切です。そのとき、じっくり子どもの姿に向き合い、単なる興味の問題なのか、ほかのことに「興味がもてない・取り組めない」のは子どもがもっている気質の問題なのかを見極めることも大事な役割となってくるでしょう。

　みなさん、学習障害（学習症）※）という言葉は聞いたことがあると思います。その定義は、「学習障害とは、基本的には全般的な知的発達に遅れはないが、聞く、話す、読む、書く、計算する又は推論する能力のうち特定のものの習得と使用に著しい困難を示す様々な状態を指すものである。学習障害は、その原因として、中枢神経系に何らかの機能障害があると推定されるが、視覚障害、聴覚障害、知的障害、情緒障害などの障害や、環境的な要因が直接の原因となるものではない」（1999年、旧文部省の定義）となっています。本人の興味・関心によるものなのか、興味・関心を超えた原因があるのかをていねいに見極めていくことも、子どもとともに生活をしている保育者だからこそできることであり、診断はできなくても、その子にとって必要な援助を具体的に考えていけるはずです（本書、p.37、column 参照）。

　※）なお、本書記載の診断名の括弧内には、日本精神神経学会の示した「DSM-5 病名・用語翻訳ガイドライン」（2014年）に基づいて掲載しています。ただし、事例内の診断名は事例当時のものです。

2. 寄り添う、向き合う、という言葉を意識的に使う

　集団保育をしていくとき、その枠に収まりきらない子ども・特別に配慮を要する子どもが"気になる子ども"と表現されやすいということは紛れもない事実でしょう。

　保育者は一人ひとりの子どもの心に寄り添って保育をしていくものだと思われています。しかし、どうしても、子どもの気持ちに寄り添うことができないこともあるかもしれません。寄り添えたかどうか、寄り添うように見えたかどうか、という結果ではなく、寄り添おうと懸命にその子の気持ちを考え、その気持ちにきちんと向き合ったかどうか、が大切だと考えます。

事例 ③ 自己主張の強い D 太（4歳児・10月）

　自分の思うようにならないと一方的に自己主張をし、相手の言い分は一切聞こうとせず、耳をふさいでその場から立ち去るD太。クラスの子どもたちはD太の姿には慣れたようで、耳をふさいで立ち去るD太くんを一瞬は気にするものの、また、遊びが持続していく。

● 保育者の思い

　かねてから気になっていた保育者はD太とゆっくり話してみると、D太自身、自分の気持ちが抑えられないことをぽつりと話してくれ、2人でどうすればよいかを話し合ってみた。友達と意見が違って嫌な思いをしたときは、一回、深呼吸をしてみること、うまく伝わらないときはその場で保育者に助けを求めること、この2点をあげ、やってみることにしたが、トラブルは続く。D太のもどかしい思いは理解できるが、ほかの子どもたちにとって、D太のこのような姿が日常の一コマになることは避けたいと考え、他児にもD太がその場から去ることについては声をかけるべきだと伝え、子どもたちのやりとりを見守っていった。

　保育者はD太と話をし、D太の思いを聞いて、そこにきちんと向き合い、一緒にどうすればよいかを考えることにしました。しかし、自己主張のみをし、その場から立ち去ってしまうD太の思いを、そのまま受け止め、寄り添う、ということはしていません。気持ちを抑えられない、ということに理解は示せても、「そうなのね、困ったね……」と寄り添うだけではD太が困ると思ったからなのでしょう。

　保育の場は、子どもたちが生活をする場であるといえます。ある子どもだけが生活をする場ではありません。したがって、それぞれの思いをもって生活をする子どもたちを理解し、適切な援助をしていくことが求められますが、そのとき、一人ひとりの子どもの思いに完全に寄り添い、そのことだけを最優先することはできないことも多々あります。特に、自分の思いをうまく表現できないため配慮が必要な子ども、特別な配慮が必要な障害児は友達や保育者に“自分のことをわかってもらえた”、“認めてもらえた”という経験が結果的に少ないといえるでしょう。だからこそ、具体的にわかりやすく達成できそうな目標を設定し、がんばる姿を支えること、認めることが大切です。その子が達成感をもてる課題を設定することを大切にし、容易に“寄り添う”という言葉は使わず、一人ひとりの子どもに向き合っていきたいものです。

3．育ちへの願い

　一人ひとりの子どもに、「どのように育ってほしいと願っていますか？」「今、大切にしたいことはなんですか？」という問いは、この章で取り上げた子どもの個別の支援計画を立てる上で、とても大切な視点になってくるはずです。「みんなと同じことができるようになってほしい」という願いは、一人ひとりを無視した願いだといえるでしょう。どのような思いをもって参加し、それがどのような経験となって、結果、みんなと一緒のことができるようになるのか、大切なことはその一つひとつの中身であって、みんなと同じことができるようになるかどうかは結果にすぎません。一人称“私”が、子どもの育ちにどのような願いをもつかは保育をしていく上で、とても大切なことだといえるでしょう。

3 一人ひとりの子どもたちと かかわるために

　文部科学省が 2022（令和 4）年に実施した「通常の学級に在籍する発達障害の可能性のある特別な教育的支援を必要とする児童生徒に関する調査」[1] の結果によると、全国の小中学校の通常学級に知的発達に遅れはないものの、学習面または行動面で著しく困難を示す児童生徒の割合は約 8.8 % であり、増化傾向が見られます。これは学校のデータですが、おそらく、同じぐらいの割合で、幼稚園・保育所にも配慮が必要な子どもがいることでしょう。数字で見ると、割合の多さに驚きます。しかし、みなさんが保育者になったとき、「クラスに発達障害の可能性のある子どもが約○％いる」という数値にとらわれず、「うちのクラスの A ちゃんはこんな子です！」「B ちゃんはこんな子です！」と、一人ひとりの姿を語れる保育者になってほしいと思います。そのように考えた場合、クラスの一人ひとりの子どもは、どの子も、集団の中の一人ではなく、一人ひとりその子らしさをもった、それぞれの場面でそれぞれの配慮があると、より輝ける個性をもった子どもたちなのです。健常児も障害児も、気になる子も一見気にならない子も、それぞれに必要な配慮や援助をしたとき、一人ひとりがより楽しく園生活を送れるはずです。「健常児だから〜」、「気になるところがない子だから〜」と、その子たちに何も配慮をせずにともに生活をしている、ということは決してないはずです。一人ひとりの子どもにきちんと向き合う保育者となるために、また、その子に必要な配慮や援助をきちんと見極めることができる保育者となるよう、目の前の子どもの姿をしっかりと見ていきましょう。

---

column　発達障害と「自閉スペクトラム症」について

　発達障害とは、発達障害者支援法では「自閉症、アスペルガー症候群その他の広汎性発達障害、学習障害、注意欠陥多動性障害その他これに類する脳機能の障害であってその症状が通常低年齢において発現するものとして政令で定めるもの」と定義されています。ここに記されている、アスペルガー症候群や広汎性発達障害、学習障害（学習症）、注意欠陥多動性障害（注意欠如・多動症）については、障害児保育の講義などで、今まで、聞いたことや見たこともあるのではないでしょうか。

　一方で、「自閉スペクトラム症」という言葉を、みなさんは知っていますか。2013 年 5 月に診断基準の一つである DSM が 19 年ぶりに改訂されました。DSM とは「アメリカ精神医学会」という団体によってつくられる診断基準です。DSM の診断基準は世界中で使用されており、事実上のグローバルスタンダードとして位置づけられています。日本でも、この DSM を使った診断が一般的であるため、今回の改訂で日本の診断にも影響が出ることでしょう。これまでの DSM-IV では、小児自閉症やアスペルガー症候群などのサブカテゴリーを含め「広汎性発達障害」と呼ばれていましたが、DSM-Ⅴでは「自閉スペクトラム症」として一つに統合されます。今まで書籍などによっては、「広汎性発達障害（自閉症スペクトラム）」と、併記されているものもありましたが、今後は、「自閉スペクトラム症」という言葉が一般的に使われるようになるでしょう。

　このように診断名は、時代とともに変わることがありますので、保育者として正しい知識をもつことはとても大切なことです。保育者として正しい知識をもった上で、診断名にとらわれることなく、目の前の子どもと向き合い、その子に必要な適切な配慮ができる保育者を目指しましょう。

子どもの気持ちを考えてみよう。 個人

✎ STEP ① 　事例①（p.32）のA男が、なぜ大声を発したり、泣き叫んで自転車に乗っている友達を降ろそうとしたのかを考えてみよう。また、その後、自転車ステーションをつくったことなどがA男にとってどのような意味があったのか考えてみよう。

なぜ大声を発したりしたのか？	A男にとっての意味
	ステーションがあることは？
	走行コースを描いたことは？
	踏切が描かれたことは？

✎ STEP ② 　事例②（p.33）のB美がぼんやり過ごすことが多かった理由を考えてみよう。また、表情が変化した理由についても考えてみよう。

ぼんやり過ごしていた理由	表情が変化した理由

今まで実習でかかわった子どもたちを思い浮かべてみよう。 個人からグループ

✎ STEP ① 　子どもたちの姿を思い浮かべて、気になる子どもを数人あげてみよう。そして、その子のどんなところが気になったのか、具体的に書き出してみよう。

子ども①（　　　　　　　　　　　　）	
子ども②（　　　　　　　　　　　　）	
子ども③（　　　　　　　　　　　　）	

✎ STEP ② 　それぞれの子どもの姿は、誰の目から見ても気になる姿だといえるだろうか。改めて、考えてみよう。

子ども①
子ども②
子ども③

✎ **STEP ③**　なぜ、私はその子の姿が気になったのか、考えてみよう。

子ども①
子ども②
子ども③

✎ **STEP ④**　"私"にとって気になる子どもについてまとめた事柄を友人と発表し合い、それぞれの意見を交換してみよう。

演習
課題 **3**　　**発達障害についてまとめてみよう。**　　個人からグループ

　発達障害は、脳機能の発達に関係する障害のため、その特性を理解し、子どもとつきあうことで、その子のよさを伸ばしていくことができるだろう。ここでは、どのような発達障害があるかまとめ、それらの発達障害の子どもたちの援助について具体的に考えてみよう。

✎ **STEP ①**　発達障害についてどのような特性があるかまとめてみよう。

✎ **STEP ②**　STEP ①でまとめたような発達障害のある子どもへの援助を具体的に考えてみよう。

✎ **STEP ③**　STEP ②でまとめた援助を友人と意見交換して話し合ってみよう。

第3章 問題解決の案内

　子どもに障害があるかどうか、保育者には診断はできません。また、医者であっても、就学前に明確な診断名をつけることは避ける場合があり、「○○の疑い」と病院でいわれながら幼稚園・保育所に通っている子どもたちが実は大勢います。そして、本書のコラム（p.37 参照）でも紹介したように、診断名自体が時代とともに変化することもあります。保育の専門性を有する保育者として、自身の専門性に基づいた視点で一人ひとりの子どもの姿をていねいに見て、子どもの気持ちや行動を理解し、真摯に向き合っていくことがもっとも大切なのです。

『新版　発達と障害を考える本（1　ふしぎだね !?　自閉症のおともだち、2　ふしぎだね !?　アスペルガー症候群のおともだち、3　ふしぎだね !?　LD のおともだち、4　ふしぎだね !?　ADHD のおともだち、5　ふしぎだね !?　ダウン症のおどもだち）』内山登紀夫（1～4）、玉井邦夫（5）監修、ミネルヴァ書房、2019
　　発達障害を一冊ずつにまとめたシリーズ本だが、具体的な子どもの行動の特徴から、子どもの感じ方・考え方、そして、どんなことに困っているのかをわかりやすく解説し、共に暮らしやすくなるためのヒントがたくさん紹介されている。タイトルの障害名にとらわれ過ぎずに、本のページをめくると、保育をする上で参考になることが多いはずの本である。

『気になる子の本当の発達支援（これからの保育シリーズ3）』市川奈緒子、風鳴社、2017
　　「発達の気になる子ども」の支援について、知識編、実践編に分けて、具体的に詳しく記述されている。さまざまな発達の特性についてわかりやすく解説されているので子どもの気になる姿を理解するために役立つ一冊である。

第4章

教育課程および全体的な計画を考える

この章のねらい

　保育者は専門職です。一般的に専門職には記録が存在します。記録は、その仕事の意味や大切さを伝え示します。この章では、教育課程および全体的な計画を中心に保育の記録の方法と技術を学びます。子どもの姿から、保育の目標を設定し、それを達成するために保育のねらいと内容について計画を立て、保育を実施し、評価することが大切です。保育者となって現場で日々子どもとふれあいながら、意図をもって保育実践を構想できるように、カリキュラム立案の基礎をしっかり身につけましょう。

1　保育の目標とカリキュラム

1．カリキュラムとは何か

（1）カリキュラムの語源

　カリキュラム（curriculum）とは、ラテン語の「currere（走る）」から派生した言葉だといわれています。ラテン語の「curriculum」は、「走ること」「走る道」を意味します。後に、教育学の分野では、ある目的に向かって走る道をイメージし、教育目標を達成するというゴールに向かって「走ること」や、その「道筋」を表す言葉としてカリキュラムという語が使われるようになりました。

　昨今では特に、ゴールに達成するその結果よりも、どのようなプロセスでいかに育っていくのかといった過程を大切にしながら、カリキュラムという語が使われています。英語では、学びのプロセスを大切にするという意味で、カリキュラムのより狭義の意味で、コース・オブ・スタディ（course of study: 学ぶ道筋）という語も使われています。

　カリキュラムとは、何の目的で、どんな内容を、どういった手順で学んでいくのか、その計画と実践を総合的に表したものです。

（2）カリキュラムの構成要素

　カリキュラムは、どのようなものから構成されているのでしょうか。

　保育において、カリキュラムの構成にあたりもっとも大切にしたい要素は、「子どもの姿」です。「子どもの姿」とは、具体的に何でしょうか。子どもをじっと見ているだけでは、「子どもの姿」をとらえ、理解することは困難です。「子どもの姿」をとらえ、子どもを理解するには、それらを見取る専門的な「視点」が必要です。

　「視点」にはたとえば、①子どもの発達の特徴、②子どもを取り巻く社会などの環境、③子どもの人間関係といったものがあります。保育者養成校時代に学んだ乳幼児の発達の過程の特徴を踏まえて、保育現場で接する子どもの発達の特徴をとらえることができます。子どもの生活環境や地域特性も子どもの姿を理解する「視点」となります。家族や友達との関係性から子どもへの理解を深めることもできます。

　保育におけるカリキュラムの構成要素の2つ目には、「保育目標」があげられます。保育現場において、子どもたちをどのように育てたいのか、どのような力を育みたいのかは、カリキュラムの大切な構成要素です。

　「保育目標」は、一般的な育てたい子ども像、たとえば「人に対する愛情と信頼感を育てる」といった保育実践の方向性を表すものがあります。また「子どもの姿」から明らかになった課題を克服するために具体的な到達目標を表すものがあります。例として、手洗い・うがいの習慣がついていないという課題があるクラスの子どもたちに、育てたい力と

して「手洗い・うがいの習慣や態度を身につける」という「保育目標」を掲げることがあります。

　保育におけるカリキュラムの構成要素の3つ目には、「保育の内容（伝えたい文化）」があげられます。一般的に、家庭教育の機能は、①愛着の形成と②基本的な生活習慣を身につけることといわれています。そして、学校教育の機能は①社会性の育成と②文化の伝達といわれています（本書、p.54参照）。代替ではなく家庭教育の機能を支援することも、学校教育の機能として最近ますます期待されています。

　「保育の内容」とかかわり、子どもたちに育みたい力とは、大きく分けると、①知識・技能、②知識・技能を活用する力、③情意（心情、意欲、態度等）があります。特に乳幼児期には、「ものや人に気づく」「〜しようとする」「〜に親しみをもつ」「〜に関心をもつ」「楽しさや喜びを味わう」といった情意にあたる気持ちの育ちとかかわる内容をまず基本として大切にしています。

　保育は、小学校以降の教育とは異なり、活動（授業）の当初に全員がその「ねらい」をともに自覚し、その達成を強調するように促すことを主眼とはしません。子どもの主体的な好奇心、探求心、憧れを起点とし、気持ちの育ちを大切にし、結果的に多くの知識と技術を子どもたちが無自覚のうちに習得していた、といった形で「保育の内容」がカリキュラムに位置づけられています。

　「保育の内容」は、「子どもの姿」を踏まえて設定された「保育目標」を達成するために、選択されるものです。子どもの姿から子どもにとってそれがまさしく必要であるものであり、かつ、「保育目標」の達成が図られうる、そういった「保育の内容」の選択が、保育現場では目指されています。

　無数とも思われる「保育の内容」を、どういったまとまりで、どういった種別をどういった順番で構成していけばいいのでしょうか。このことをよく考えて、カリキュラムをつくる必要性があります。内容のまとまりのことを「スコープ」、種別と順番を「シークエンス」といいます。「子どもの姿」を起点とし、育てたい子ども像を描き、子どもに必要な課題を「保育目標」として抽出し、「保育の内容」を考え、その内容について、どういった種類をどういった順番で展開していくのかを考えることが保育のカリキュラムづくりといえます。そのカリキュラムは、子どもとの相互作用の中で、常に修正していきながら展開していくものでもあります。

2．カリキュラムの基本的な種類

（1）系統主義カリキュラムと経験主義カリキュラム

　系統主義カリキュラムとは、学問の各分野の分類により、かつ難易度などの順序性によって内容が構成されている、学問体系に基づいて構成されているカリキュラムのことを指します。たとえば「算数」という科目で、まず数を教え、続いて、足し算、引き算、かけ算、割り算、といった順番で教えるといったカリキュラムのことを系統主義カリキュラ

ムといいます。

一方、経験主義カリキュラムとは、子どもの生活経験や遊びの体験の中で、子どもが興味・関心をもったもの、疑問に思ったものをテーマとします。寒い朝、氷の張った水槽を見つけた子どもたちは、「冷たい」とさわったり、氷が太陽の光で徐々に溶けて水になっていく様子を観察したりします。氷を集めてかき氷をつくったり、氷を割って遊んだりします。こういった子どもの興味・関心を基点とし、かき氷づくりで小学校以降の「図画工作」の授業につながる「製作活動」を展開しつつ、氷が溶けて水になっていく理由を一緒に考えてみたり、「冷たい」温度を温度計で測ってみたり、小学校以降の「理科」につながる遊びの内容が見られ、また、氷を投げて割って遊ぶといった運動遊びの要素もあります。複合的な内容が含まれたカリキュラムのことを経験主義カリキュラムといいます。

系統主義カリキュラムと経験主義カリキュラムのどちらのほうがよいのかといった二項対立的な図式と同様に、教科主義カリキュラムと児童中心主義カリキュラムといった比較もよくいわれます。保育の領域では、設定保育を中心としたカリキュラムなのか、好きな遊び（自由保育）を中心としたカリキュラムなのか、といった、二項対立的な比較もなされています。

（2）コア・カリキュラム

系統主義か、経験主義かといった二項対立を超えて、その中間的なカリキュラムが開発されています。これは統合的なカリキュラムであり、コア・カリキュラムなどが例としてあげられます。

コア・カリキュラムは、子どもの生活現実や、興味・関心を起点としつつも、各教科の内容や系統性を維持しながら、生活科や総合的な学習の時間のように、教科横断的な総合的な学習形態をとるカリキュラムのことです。

（3）潜在的カリキュラム

先に、カリキュラムの構成要素に、「保育目標」があることを説明しました。しかし、一方で、カリキュラムには、保育者が意図している、いないにかかわらず、また目標として掲げている、いないにかかわらず「学ぶ内容」「伝わる内容」があります。たとえば、下駄箱があるところでは、「上履きに履き替える」といった指示や言葉かけがなくとも、下駄箱の存在が子どもたちに「ここで靴を履き替える」ように促しているといえます。また、教室でたとえば一段高くなっている教壇は、その教壇に立ち話す人の話をちゃんと聞くように、といったメッセージを暗黙に送っています。

保育実践の現場では、多くの環境が子どもたちに多大な影響を与えています。言語化したり、明示したり、意図していないことでも、伝わったり、育ちに影響を与える内容がたくさん保育現場にはあります。保育者には、謙虚な気持ちで、常に学ぶ姿勢、探求する姿勢をもち、隠れたカリキュラム（潜在的カリキュラム）への洞察を深めることが、現場に出た後に必要であると考えます。

2 日本の保育カリキュラム

1．教育課程および全体的な計画とは何か

（1）狭義のカリキュラムとしての教育課程および全体的な計画

　日本の公的文書では、「カリキュラム」という言葉ではなく、「教育課程」「全体的な計画」といった言葉が一般的に使われています。「教育課程」「全体的な計画」は狭義のカリキュラムにあたります。カリキュラムと一般的にいう場合は、先に紹介したように、誰に、何のために、何を、どのように保育するのかを表す、総合的な計画と、その実践を指します。「教育課程」「全体的な計画」は、そのうちの総合的な計画を立てる上での枠組みを示している指針です。

（2）教育課程および全体的な計画の位置づけ

　教育課程および全体的な計画とは、入園から卒園までに育てたい子どもの保育の計画です。『幼稚園教育要領解説』では、教育課程を以下のように位置づけています。

> 　幼稚園教育の目的、目標に向かってどのような道筋をたどって教育を進めていくかを明らかにするために、幼稚園教育において育みたい資質・能力を踏まえつつ、各幼稚園の特性に応じた教育目標を明確にし、幼児の充実した生活を展開できるような計画を示す教育課程を編成して教育を行う必要がある。
> （文部科学省『幼稚園教育要領解説』2018）[1]

　『保育所保育指針解説』では、全体的な計画を以下のように位置づけています。

> 　「全体的な計画」は、児童福祉法及び関係法令、保育所保育指針、児童の権利に関する条約等と各保育所の保育の方針を踏まえ、入所から就学に至る在籍期間の全体にわたって、保育の目標を達成するために、どのような道筋をたどり、養護と教育が一体となった保育を進めていくのかを示すものである。全体的な計画における保育のねらいと内容は、2及び4、第2章に基づき、乳幼児期の発達過程に沿って、それぞれの時期の生活や遊びの中で、子どもは主にどのような体験をしていくのか、またどのような援助が必要となるのかを明らかにすることを目的として構成される。これらは、保育時間や在籍期間の長短に関わりなく在籍している全ての子どもを対象とし、保育所における生活の全体を通して総合的に展開される。
> （厚生労働省『保育所保育指針解説』2018）[2]

　また、幼稚園教育要領にも幼稚園の教育活動の質の向上のため、教育課程を中心として全体的な計画の作成が必要であると、『幼稚園教育要領解説』で以下のように位置づけています。

> 　教育課程を中心にして、教育課程に基づく指導計画、第3章に示す教育課程に係る教育時間の終了後等に行う教育活動の計画、保健管理に必要な学校保健計画、安全管理に必要な学校安全計画等の計画を作成するとともに、それらの計画が関連をもちながら、一体的に教育活動が展開できるようにするため、全体的な計画を作成することが必要である。
> （文部科学省『幼稚園教育要領解説』2018）[3]

『小学校学習指導要領解説』では、教育課程を以下のように位置づけています。

> 学校教育の目的や目標を達成するために、教育の内容を児童の心身の発達に応じ、授業時数との関連において総合的に組織した各学校の教育計画
>
> （文部科学省『小学校学習指導要領解説　総則編』2018）[4]

2．指導計画とは何か

（1）指導計画とは

　指導計画とは、教育課程や全体的な計画に基づいて作成される計画のことです。子どもの一人ひとりの発達過程や社会・家庭環境を踏まえて、子どもの発達を支え、家庭生活との連続性や地域の特性に合った、保育のねらいと内容が設定されます。保育実践では、子どもにとってあきらかに必要なものであるかどうかを十分考慮しなければなりません。与えられた経験中心ではなく、子どもの主体的な活動としての経験を通じた保育となるように、子どもの生活の中の実際（生活現実）や、子どもの発想を大切にし、環境を通じた保育を計画することが望まれます。

（2）長期計画と短期計画

　保育現場でつくられる指導計画には、長期的な指導計画（長期計画）と短期的な指導計画（短期計画）があります。

　長期計画には、年次案、期案、月案などがあります。入園の時期が子どもによって異なる場合は、年次計画に加えて入園時期から園生活に慣れ親しむプロセスに関しての長期計画を立てる場合もあります。長期計画では、長いスパンでの保育を構想し、発達や生活の節目を意識し配慮した計画立案が望まれます。

　短期計画には、週案、日案、部分案（詳案、細案）などがあります。短期計画では長期計画の具体化を図ります。そのときどきの子どもの実態に即して柔軟でかつ臨機応変に、また日々の園生活の連続性が保たれつつ、保育が展開するように、短期計画が立案されます。

---

column　エマージェント・カリキュラムとは

　保育実践や授業の計画を立てる場合、子どもに育みたい力を「ねらい」や「めあて」としてあげて、具体的に子どもにつけてほしい知識、技術、情意（心情、意欲、態度）、活用力（応用力）を明示して、実践の流れを計画します。園における実践と小学校における授業の大きな違いは、保育では、より「情意」つまり「気持ちの育ち」を大切にすることにあります。実践はライブで展開します。計画どおりに進むことが評価される傾向が強い小学校の授業と異なり、保育実践では、計画が子どもとの相互作用の中で臨機応援に変化し、再構築していくことが大いに認められ評価されます。こういった子どもの興味・関心や提案に応じながらつくられていくカリキュラムをエマージェント・カリキュラムといいます。

3 カリキュラムのデザイン

1. カリキュラム・デザインとは

　カリキュラム開発、カリキュラム・デザインといった言葉を耳にしたことがあると思います。カリキュラム開発とは、大きな新しいカリキュラムをつくることで、カリキュラム・デザインとは、日々のカリキュラムの作成をいいます。カリキュラムづくりとは、子どもの姿から、保育目標を設定し実際の保育内容を考えるそのプロセスをいいます。先に述べた、カリキュラムの内容のまとまり（スコープ）と、種別と順番（シークエンス）を考える作業ともいえます。

（1）カリキュラム・デザインの事前準備

　カリキュラムをつくる前提として、いくつかふまえておきたい手順があります。一つは、保育の基本についての共通認識を図ることです。保育現場で働きはじめる前に、①「幼稚園教育要領」や「保育所保育指針」の内容を十分理解しておくことが必要です。保育の理念、倫理、発達の過程などは実践で大変役立つ内容です。また、②昨今の子どもの家庭教育環境の状況を文献や統計資料をもとに勉強しておくことが望まれます。さらには、③具体的に園を取り巻く地域や保護者の様子などを広報誌や園便りなどに目を通して熟知しておくとよいでしょう。

（2）カリキュラム・デザインの手順

　保育現場に出てから具体的にカリキュラムをつくる場面では、手順としては以下があげられます。まず、①就職先の園の保育理念、保育目標、保育方針等について、スタッフの一員としてほかの教職員と共通の認識を図ることがあげられます。その際、「幼稚園教育要領」や「保育所保育指針」との整合性について理解しておく必要があります。

　次に、②クラスの子どもの発達過程について見通し、発達にふさわしい具体的なねらいと内容を構成することがあげられます。その際、個々の子どもの発達や状況を十分に配慮して、それぞれに適したねらいと内容を想定し、個を大切にしつつ集団保育の計画を立てます。

　発達の過程に加えて、③個々の子どもの姿から、遊びの中の学びを見取ることが望まれます。遊ぶ子どもの姿から、保育者が子どもの好奇心、探求心、憧れを見取り、学ぶ順番が適しているかといったことをよく考え、子どもとの相互作用の中で、保育者は保育の内容や環境の構成、保育者の援助の在り方を考えます。保育の環境構成や保育者の援助の在り方は、子どもの姿やねらいとの整合性を十分に考慮したものでなければなりません。

　最後に、「評価の観点」を計画の段階から構想する重要性について述べたいと思います。カリキュラム・デザインにあたり、計画がどういった保育となって展開するのかをイメージし、多くのシミュレーションをすることが大切です。ねらいが達成された場合、子どもがど

のような姿を見せるのか、具体的にどのような言葉を発し、どのような行動をとるのか、このことを事前によく考えておきます。そうすることで、保育実践場面で子どもの様子を見取る上で有用な、引き出しをあらかじめ多くもって保育の実践にあたることができます。

2. カリキュラム・マネジメントとは

　2017（平成29）年の改訂ではさらに、それぞれの園・学校でカリキュラム・マネジメントを進めていくことが推奨されています。カリキュラム・マネジメントとは、個々の保育者やクラス・園単位でカリキュラムの実質化を図るために進められていくものです。つまり、より適切な、教育計画、教育実行や運営、教育の展開を図ろうとする試みを指します。
　保育実践におけるカリキュラム・マネジメントとは、各園が、保育の質の維持・向上を目指しつつ、子どもたちとの相互作用の中で実践を創っていくプロセスです。目の前にいる子どもたちの興味・関心や、発達の姿、生活課題などを見取り、「幼稚園教育要領」や「保育所保育指針」と照らし合わせながら、個々の子どもの個性を大切にしつつ、保育のねらいを設定し、その具現化を目指して、環境を構成し、教材を開発し、援助の工夫を考え、実践していく試みが、保育のカリキュラム・マネジメントです。保育実践では、教科や教科書がないので、保育実践を常に省察し、子どもたちが豊かな経験を通じて、どのような育ちや学びの姿があったのかを振り返り、次の計画や次の判断に生かすことが大切にされます。

3. PDCAサイクルとは

　保育は専門職による次世代育成を担う尊い仕事です。専門職として保育の実践の質の維持と向上を図るために、保育者の実践には、一連のプロセスがあります。
　保育のプロセスとは、まず保育者は子どもの姿を洞察し、子どもの育ちを見通して、保育の計画を立てます。保育の実践は柔軟にかつ臨機応変に展開し、実際に保育実践を行った後には、振り返り、子どもの実際の様子や育ちと計画とを照らし合わせて評価し、課題を抽出し、改善を図り、次の実践の構想を練って計画を立てます。

（1）PDCAサイクル

　保育の実践は、細切れのイベントが相互に関係なく提供されるものではなく、思いつきで実施されるものでもありません。あるいはルーティンのように、この季節だからこのイベントを行う、といった対象である子どもの姿にかかわらず同じ内容が毎年どこででも提供されるといったものでもありません。保育の実践は日常の生活の中で、子どもの人や物といった環境とのかかわりの中で子どもの成長を育み、積み重ねられていく、意図的な実践です。
　保育者は、子どもの日々の遊び、生活、学びのつながりを大切にし、保育の実践を積み重ねていきます。保育実践が細切れの、一過性のものとならないために、保育者はPDCAサイクルを意識して自らの実践を展開していく責務があります。

PDCA サイクルとは、計画（Plan）、実践（Do）、評価（Check）、改善（Action）のサイクルのことです。実践はライブで展開していき、記録にとったり、記憶にとどめたりしておかねば、消えていってしまうものです。保育を、この PDCA といったプロセスで分けて考えると、自分自身で自覚しやすくなります。PDCA サイクルは、日々の保育実践のつながりをつくり、保育実践の質の維持、向上を図る手助けとなります。

（2）説明責任と情報発信

　現在は、アカウンタビリティ（説明責任）と PR の時代といわれます。保育は次世代を育成するという公共性の高い、社会への貢献も大きい、やりがいのある仕事です。現在、保育への公的投資の拡大が日本でも検討されています。そしてさらにそれを拡大していく必要もあります。公的投資、つまり多くの税金を費やして保育を充実していく前提として、保育の実際の内容、子どもの育ちを説明する責任や、家庭地域に情報を発信していくことが望まれます。

　保育者の仕事は、子守りではないですし、安全の確保やいざこざ（トラブル）への対応だけではなく、誰にでもできる仕事ではないのです。保育者は子どもの発達の過程、遊びや生活の特徴、集団の人間関係の援助技術、学びの基礎に関する知識をもち、省察的に経験を積み重ねながら、子どもとの相互作用の中で保育実践を行う高度な専門職です。保育の現場では、説明責任を果たし、情報発信を行い、子どもの最善の利益を確保していきます。

 column　**PDCA サイクルのはじまり**

　PDCA サイクルとは、第二次世界大戦以降、産業界で、事業活動を円滑に進める方法として提唱されたものです。業務の質の向上を図ること、生産を管理したり、品質の向上を図ったりするために考えられ、使われはじめた言葉です。保育の分野では、こういった言葉が使われる以前から、「観察」や「振り返り」による実践の改善、計画の見直しが 1880 年以降、幼児教育界における児童研究運動が世界的に展開した当時から、進められていました。よって、PDCA サイクルは、今まで保育界が自然に行ってきたこと、つまり、保育実践の質の向上を図るために行ってきたことを、第二次世界大戦以降に産業界で使われるようになった言葉で置き換えたものといえるのです。

　保育や教育は実践しながらその力量を高めていくといわれています。実践力を高めていくためには、実践をやりっぱなしでおえるのではなく、振り返り、課題を見つけ、自らに宿題を課して学び続け、よく考えて実践の改善を図り、次の保育の計画を立てることが必要です。

　保育界以外の業界である産業界で使われている言葉で、保育界でこれまでなされてきた質の向上のシステムを説明することは大切であると思います。これができれば、保育界以外の分野の人にも、保育が単なる子守りではないことが伝えられます。保育者は専門職であり、保育における実践力は、学習と経験による知識と技術を蓄積していくことで、その質が向上していくものであることを広く社会にも伝えたいものです。

幼稚園・保育所・小学校のカリキュラムを集めて紹介し合おう。 個人からグループ

✏️ **STEP ①** 教育課程もしくは全体的な計画、年間計画、月案、日案を各自一つずつ集めてみよう。

✏️ **STEP ②** グループでそれぞれが集めてきたものを比較検討してみよう。

✏️ **STEP ③** 「子どもの姿」と「ねらい」の関係性があるか、整合性があるか話し合ってみよう。

✏️ **STEP ④** どのような評価の観点が設けられているか、検討してみよう。

演習
課題 2

グループでバーチャルに園のパンフレットをつくってみよう。 グループ

✏️ **STEP ①** パンフレットには、園の保育理念、育てたい子ども像、一日の流れ、園庭マップ、保育者や職員の紹介（グループのメンバーが保育者になったと想定して長所や得意な遊び、子どもへの思いなど自己 PR）、安全・安心の確保などの内容を含め、どのようなパンフレットがよいかまとめてみよう。

✏️ **STEP ②** 各グループが作成した園のパンフレットを見せ合い、ディスカッションしよう。説明責任が果たせているか、情報発信ができているか、園や地域の特色、保育者や職員の魅力が盛り込まれていたか、確認し合おう。

演習課題 3　カリキュラムについてまとめてみよう。 　個人

✏️ **STEP ①**　カリキュラムの３つの構成要素をあげてみよう。

①

②

③

✏️ **STEP ②**　カリキュラムの３つの構成要素の関係性を図で表してみよう。

演習課題 4　保育のプロセスについてまとめてみよう。 　個人からグループ

✏️ **STEP ①**　保育のプロセスを箇条書きしてみよう。

✏️ **STEP ②**　PDCA サイクルとは何か、その意義を自分の言葉で友人に説明してみよう。

この章の学習をおえて ──● この章で学んだことをまとめてみよう

第4章 問題解決の案内

　本章では教育課程と全体的な計画、指導計画とは何かを学びました。保育の実践において
PDCA サイクルの機能についても確認しました。さらに以下の文献も参考にしてみましょう。

『よくわかる教育課程』田中耕治、ミネルヴァ書房、2009
　　教育課程について、基本的な内容が大変わかりやすく説明されている。カリキュラムづくり
　　の基礎、発達とカリキュラムの関係などに加え、教育現場でのカリキュラムとは何かや、カ
　　リキュラムの具体例、国内外のカリキュラムも紹介されている。

『教育方法学』佐藤学、岩波書店、1996
　　教育方法学にかかわる基礎文献ですのでぜひ読んでおきたい一冊。子どもの学びとは何か、
　　カリキュラム、教師の役割など実践的課題がわかりやすく書いてある入門書である。

『育てたい子どもの姿とこれからの保育』無藤隆編、ぎょうせい、2018
　　2017（平成 29）年に改訂された「幼稚園教育要領」等、3 つの法令のポイントをわかりやす
　　く解説している。保育のカリキュラムにおける、教育課程・全体的な計画とは何か、指導計
　　画との関係性を学ぶことができる一冊である。

『保育の計画と評価』北野幸子編、北大路書房、2021
　　幼稚園・保育所の保育計画と評価について、縦割り保育、長時間保育、特別支援、小学校と
　　の連携、家庭との連携、食育計画など多様な事例がたくさん掲載されている。

第5章

保育内容と
保育方法の研究

この章のねらい

　子どもの豊かな発達を支えるために、幼稚園や保育所でどのような生活を展開していけばよいのでしょうか。幼稚園や保育所では、小学校以上の教育とは異なり、あらかじめ子どもたちが取り組むべき具体的な内容は決められてはいません。そのため、同じ年齢の同じ時期の保育であっても、各園によって行われている内容は異なります。みなさんも、実習から戻り、仲間と実習を振り返り語り合う中で、それぞれの園で取り組まれている保育の内容や方法の違いにも気づいたことでしょう。なぜ、幼稚園や保育所ではこのように保育の内容や方法が多様なのでしょうか。

　本章では、幼稚園や保育所における保育内容や方法の基本的な考え方について、これまでにみなさんが学んできたことをもう一度確認します。その上で多様な保育内容と方法の実際について学びを深めましょう。また、子ども一人ひとりの発達に応じ、その主体性が発揮される保育内容と保育方法について考えていきます。

1 保育の内容

1．保育内容とは

　保育内容とは、幼稚園や保育所で子どもが経験する事柄のことです。子どもが経験することとは、子どもが好奇心や探究心をもって自らやってみたいと思うことであると同時に、保育者が子どもに経験してほしいと願う事柄でもあります。

　子どもに経験してほしいことは、子どもに何を育てたいかということによって変わってきます。未来を生きる子どもたちに大人が何を育てたいと願うかはその時代の社会のあり様によって異なりますが、どの時代にも通じることとして長い年月をかけて築いてきた私たちの文化、大事にしてきた文化を伝えていくことがあげられるでしょう。生活習慣が自立し、人格形成の基礎が培われる乳幼児期の子どもたちを対象とする保育の現場では、こうした文化を伝えていくことが特に大切です。たとえば、あいさつすることや食事のマナーなど生活する上で必要な事柄に加え、文化を広くとらえれば文字や数、物事の法則性への興味など将来の学習の基礎となる事柄等もあげられるでしょう。大人として子どもに「伝えたい文化」は保育内容としてとらえることができます。

2．保育内容の考え方

　幼稚園や保育所では、子ども一人ひとりの興味や関心が満足されるような環境を構成し、その環境に子どもが主体的にかかわって取り組む活動が充実するよう適切に援助していくことを重視しています。つまり、園生活の中で子どもたちが取り組む活動は、保育者が用意し与えるものではなく、子ども自身が興味や関心に基づいて自らやってみたいと思う事柄です。いい換えれば、保育内容とは保育者が「させる」ことではなく、子どもが「する」ことになります。子どもが好きなことを好き勝手にすることが保育内容なのかというと、もちろんそうではありません。子ども自身が興味や関心に基づいて展開する活動には、子どもの発達にとって重要な経験が多く含まれており、保育者はそうした経験の中から子どもの豊かな発達につながるような経験に着目し、そうした事柄を十分に経験していけるよう環境を構成したり援助をします。つまり、子どもが自ら展開していく活動の中で何を経験しているかというとらえ方が重要になるのです。

　子どもたちはそれぞれ同じ時期に、同じことに興味や関心を示すわけではありませんし、子どもたちが力を十分に発揮できる時期も一人ひとり違います。したがって、保育者がぜひ子どもたちにしてほしいと願う経験をいつ経験できるようにするかは、それぞれ異なります。子ども一人ひとりの興味や関心が芽生える時期やその内容の違い、また発達の違いを大事にしながら、入園してから修了するまでの園生活という長い期間の中で、どの子どもにも経験してほしいことを保育内容としてとらえることが大切です。

3．保育内容の基準

　幼稚園、保育所で子どもにぜひとも経験してほしいこと、つまり育ってほしいこととは具体的にどのようなことなのでしょうか。「幼稚園教育要領」、「保育所保育指針」には、育みたい資質・能力として以下の3点が示されています。

> (1) 豊かな体験を通じて、感じたり、気付いたり、分かったり、できるようになったりする「知識及び技能の基礎」
> (2) 気付いたことや、できるようになったことなどを使い、考えたり、試したり、工夫したり、表現したりする「思考力、判断力、表現力等の基礎」
> (3) 心情、意欲、態度が育つ中で、よりよい生活を営もうとする「学びに向かう力、人間性等」

　この育みたい資質・能力を子どもの生活する姿から具体的に示したものがねらいであり、そのねらいを達成するために保育者が援助し子どもたちが経験することとして示したものが内容です。このねらいと内容は、子どもの発達の側面から「健康」「人間関係」「環境」「言葉」「表現」の5つの領域に整理され示されています。保育所における0歳児保育においては、その発達の特徴を踏まえ5領域ではなく、「健やかに伸び伸びと育つ」「身近な人と気持ちが通じ合う」「身近なものと関わり感性が育つ」の3つの視点としてまとめられていますが、5領域と連続性をもった内容となっています。

　これら5領域（および3つの視点）に示された保育内容を基準として各園で保育が展開されますが、保育の基本はあくまでも子どもが自ら環境にかかわり主体的に遊ぶことを通して行われるものでなくてはなりません。小学校以上の教育のように、あらかじめ決められた内容を学習するといったスタイルではなく、どのような遊びに取り組むかは子ども一人ひとりの主体性が大切にされています。もちろん、子どもの主体性を大切にするということは、子どもの好き勝手に任せていくという意味ではありません。保育者は子どもの自発的で主体的な遊びの中で、子どもの育ちに繋がる経験をとらえ、その育ちを支えていきます。それだけでなく、子ども一人ひとりの興味・関心をとらえて、計画的に環境を構成し、子どもの育ちに必要な経験を積み重ねていくことができるよう積極的に働きかけてもいます。その際、子どもの興味・関心や取り組む遊びはそれぞれ異なっても、子どもが偏りなく育っていくことができるよう目安となるのが保育内容の基準として示された5領域（および3つの視点）なのです。

　このように、幼稚園や保育所では具体的に子どもたちが何をするかという内容は決められていません。幼稚園、保育所における保育の内容は、子どもたちと保育者が生活する中で生み出していくものなのです。5領域に示されたねらいと内容を踏まえ、子ども一人ひとりに合った保育内容を各園が創意工夫によって豊かに創造していきます。

2 保育の方法

1. 環境を通して行う保育

　保育の基本は、「環境を通して行う」ことです。子ども一人ひとりの興味や関心をとらえて、豊かな環境を用意し、その環境に子どもが自らかかわることを通して、発達に必要なさまざまな経験に結びつく活動を展開し、保育者は子どもがその活動の中で十分に自己を発揮し活動が充実するよう援助していくといった方法で保育が行われます。何か子どもに教えるべきことがあり、それをどの子どもにも同じように一斉に教えるという方法ではありません。

　こうした「環境を通して行う」保育は、そもそも「子どもは自ら伸びる力をもっている」とする子ども観がその根底にあるといえます。大人が一方的に教えて身につけさせていくよりも、子ども自身の伸びていこうとする力を信じて、保育者はその子どもを支えていくことを大切にしているのです。『幼稚園教育要領解説』には「幼児期は自分の生活を離れて知識や技能を一方向的に教えられて身に付けていく時期ではなく、生活の中で自分の興味や欲求に基づいた直接的・具体的な体験を通して、この時期にふさわしい生活を営むために必要なことが培われる時期である」[1]とあります。こうした幼児期の発達の特性をとらえて、「環境を通して行う」保育を基本とした保育が行われているのです。

　つまり、「環境を通して行う」保育とは、保育者が子どもにやってほしいことをあれこれいうのではなく、豊かな環境が子どもの興味や関心を引き出し、その環境に子どもが自ら好奇心や意欲をもってかかわり取り組む活動を通して育つことを「環境」に期待している保育方法といえます。

2. 保育の形態

　保育方法を考えるとき、「自由保育」、「一斉保育」、「設定保育」、「コーナー保育」、「異年齢保育」、「オープン保育」……など、さまざまな保育形態といわれる言葉が思い浮かびます。保育形態とは、保育の中で展開される活動形態のことと考えられたり、保育理念も含まれるものとして語られたりしています。このことは、少し整理して考える必要があるでしょう。大切なことは、それぞれの活動形態がどのような意味をもっているのか、そしてそのときどきの子どもの思いや状況にあった形態は何か、ということを子どもとの生活の中で保育者が一緒に考えていくことです。子どものことを見ずして、その形態を取り入れただけでは意味がありません。はじめに形態を考えるのでなく、子どもと保育者とがともにつくり上げる園生活の結果として保育形態は生まれてくるものだと考えられます。

（1）自由保育と一斉保育

　自由保育と一斉保育は、相反する事柄として語られることが多いように思います。子どもが自由に好きな遊びに取り組めるのが自由保育、あらかじめ決められた活動をクラスみんなで取り組むのが一斉保育という説明もよくされます。このように自由保育は自由遊び、一斉保育は一斉活動と形だけ理解してしまうと、自由保育は子どもの好き勝手にさせる、ねらいのない保育であるとか、一斉保育は子どもの自由感がなく「させられる」活動であり主体性がない保育であるといった誤解が生じてしまうことになりかねません。

　そもそも自由保育は、子どもの自発性が最大限に発揮される保育形態であり、子どもが自らやってみたいと思うことを存分に取り組むことを通して、子ども一人ひとりの発達の課題に合った適切な援助を得て育っていくことが期待されます。当然、子どもが遊ぶのをただ見ているだけではこの保育のよさは発揮されません。子ども一人ひとりの興味や関心をとらえ、それぞれがやってみたいと思えるような豊かな環境が用意されていなければなりません。あらかじめする活動がはっきりと決まっているわけでもないので、子ども一人ひとり取り組む内容や取り組み方が異なります。その場で瞬時に子どもの姿をとらえて、一人ひとりに必要な援助を判断していくことも求められます。

　一方、一斉保育はみんなと一緒に同じ活動をする楽しさが味わえる保育形態であり、子どもが自由な形態の保育の中ではなかなか経験しにくいような活動に取り組み、その楽しさを味わうなど子どもの経験の広がりを期待できる形態でもあります。どのような活動に取り組むかは子どもの興味や関心に基づいて考えられ、一斉であっても子ども一人ひとりの取り組み方が認められることで、子どもの主体性は大事にされます。しかし、一斉という形のみが保育に取り入れられた場合、本来の一斉保育のよさが発揮されることはないでしょう。

（2）異年齢保育

　異年齢保育とは、異年齢の子ども集団で保育を展開していく形態です。同じ年齢のクラス編成で行う保育がこれまで多くを占めていましたが、近年、この異年齢保育が広まっています。少子化、地域とのつながりの希薄化など社会の変化の中で、異年齢の子ども同士がかかわる機会が減少してきていることが一つの理由としてあげられるでしょう。

　異年齢の子ども同士のかかわりでは、年下の子どもが年上の子どもに憧れの気持ちを抱いたり、同年齢同士では経験できないようなことに挑戦したり、年上の子どもは年下の子どもの世話をすることで思いやりの気持ちを育んだりなど、豊かな経験が期待できます。年齢の枠にとらわれず、一人ひとりの発達が大事にされることも異年齢保育のよさです。「5歳児だから○○できるように」というような発言や具体的な発言がなくてもこのような思いが無意識のうちにでもあるとそのよさは生かされないでしょう。

3 保育の内容と指導計画

1．保育内容の展開と指導計画

　保育は、子ども一人ひとりが興味や関心に基づいてやってみたいと思うことに取り組むことが大切にされていることは前述したとおりです。このような考えからすると、保育は無計画に、子どもに任せていく中で展開されるものと思われてしまうかもしれません。もちろん、保育は無計画に行われるものではありません。むしろ幼稚園や保育所では、第4章で述べたように教育課程および全体的な計画に基づいて、保育の具体的な指導計画を立案し、細やかな計画のもとに保育が行われています。

　逆にこのような計画的な保育は、子どもの自由な活動を阻害することになるといった考えも生まれてきます。しかし、保育における計画は、あらかじめやらなければならないことを決めて、それをいかに進めていくかということを書き記しておくものではありません。子ども一人ひとりの発達を保障するためには、現在、その子どもはどのように育ち、またどのように育っていこうとしているか、また保育者はどのような育ちを期待しているか、それを実現するためにはどのような経験を積み重ねていくことが必要かといった、見通しをもつことが重要になります。指導計画は、そうした見通しをもった保育を行うために立案されるものだといえます。

2．保育のプロセスと指導計画

　子ども一人ひとりの発達に見通しをもって保育を行うために、指導計画は子どもの実態の把握によって立案されます。しかし、子どもを十分に理解した上で計画を立案したつもりでも、実際に保育を実践してみると、子どもの興味や関心と保育者が考えた保育内容にズレが生じたり、子どもの発達に合わない内容であったりすることがあります。こうした場合、保育者が立案した計画をそのまま実践してしまうと、子どもの実態に合わないことを無理に押しつけていくことになりますし、そのことにより子どものよりよい発達が期待できるものではありません。立案した計画とその実践が子どもの思いや発達とズレてしまった場合には、すぐに計画の修正が求められます。保育の計画は、計画したことをそのとおりに実行していくためのものではなく、子どもの様子に応じて修正を加えながら、柔軟に進めていくものなのです。

　計画の修正は、子どもの目の前で迫られることもありますし、保育をおえてじっくりと自身の保育を振り返り省察する中で修正の必要性が認識されることもあります。第4章で解説したように、カリキュラム・マネジメントやPDCAサイクルの考え方を意識して、保育実践後は自分自身の保育を振り返る中で評価・反省することが重要です。また、その

評価・反省から見出された改善点を次の保育の中で生かしていきます。こうした保育のプロセスの中に指導計画の立案が位置づけられていることを理解することが大切です。

3. さまざまな指導計画

指導計画には、まず子どもの実態に基づいた「ねらい」と、その「ねらい」を達成するために子どもたちに体験してほしいこととして「内容」が設定されます。そして、子どもに体験してほしいことが体験できるような環境の構成が考えられ、その環境の中で子どもたちが実際に取り組むであろう活動の様子が予想されます。さらに、その予想に基づいて必要となる保育者の援助が考えられていきます。

指導計画には基本的にはこのような内容が盛り込まれていますが、その実際は保育内容や方法が各園でさまざまに工夫されているように多様です。指導計画の様式は何か決められたものが用意されているわけではなく、各園で大事にしていることが生かされるような様式が工夫されているのです。

column Web方式による指導計画

　第4章のコラム（p.46）でも紹介した「エマージェント・カリキュラム」が広く知られるようになったのは、イタリアのレッジョ・エミリアの保育が紹介されたことによります。レーラ・ガンディーニ (Lella Gundini) は、『レッジョ・エミリア保育実践入門』の中でエマージェント・カリキュラムについて「保育者たちは大まかな目標を示し、活動や企画がどちらの方向へ進むかを推測し、適切な準備をする。そして子どもたちの活動を観察した後、自分たちの観察結果を比較し合い、一緒に検討し、解釈して、子どもたちの探求と学びにおいて彼らに何を与え、どのように支えていくか、子どもたちと共有する」[2] と述べています。

　こうしたエマージェント・カリキュラムを視覚的に表す手段として、従来の時系列式の指導計画ではなく、Web方式の指導計画が注目されています。従来の指導計画のほとんどは1枚の紙にすべての事柄を時間の流れにそって書き込んでいくものですが、Web方式の指導計画は子どもの興味・関心から生まれてくる活動を一つではなく枝分かれするような表現でいくつも描き出していくものです。このような指導計画の立案は、時間を気にせず子どもの興味や関心の広がりを枠にとらわれずに表すことができます。

保育の形態についてまとめ、話し合ってみよう。 個人からグループ

✏STEP　下記にあげる保育形態やそのほか関心のある保育形態について、その活動の形態を整
理した上でそれぞれのよさと問題点をグループで話し合ってみよう。

	保育形態	どのような活動の形態か？	よさと問題点は？
1	自由保育		
2	一斉保育		
3	設定保育		
4	コーナー保育		
5	異年齢保育		
6	オープン保育		

諸外国の保育方法について調べてみよう。 個人

✏STEP　日本でも実践されている諸外国の保育方法（例：「モンテッソーリ教育」、「レッジョ・
エミリア」、「森のようちえん」、「シュタイナー教育」などやそのほか）について、調
べてまとめてみよう。

保育方法（　　　　　　　　　　　）

幼稚園および保育所の指導計画の実際を調べてみよう。 個人からグループ

✏STEP ①　実習などこれまでにかかわったことのある幼稚園や保育所でいただいた指導計画を
グループでもち寄り、それぞれの指導計画で大事にされていること、それが保育実
践にどのように反映されていくか、グループで話し合ってみよう。

✏STEP ②　自分たちが保育で大事にしたいことをグループで話し合い、それが生かされた指導
計画の様式を考えてみよう。

演習
課題 **4** 　　模擬保育をしてみよう。　　　　　　　　　　　　　　　　　　グループ

✏ **STEP ①**　次の活動の中から一つ選び、その活動を行うときの３歳児、４歳児、５歳児それぞ
　　　　　　れの子どもの姿をグループで話し合い予想してみよう。

「ボール遊び」「縄跳び」「おにごっこ」「じゃんけんゲーム」「リズム遊び」「ちぎり絵」「こいのぼり
製作」「風車製作・遊び」「こま製作・遊び」「はじき絵」「水遊び」「ボディペインティング」
（※このほか、３〜５歳児が楽しめる活動でもよい）

選んだ活動（　　　　　　　　　　　　　　　　　　　　　　　　）	
３歳児	子どもの姿
４歳児	子どもの姿
５歳児	子どもの姿

HINT　子どもの姿を予想するときは、その活動で子どもがどのようなことを楽しむか、どのようなことがむずか
　　　しいかを考えてみよう。

✏ **STEP ②**　STEP ①で選んだ活動について３歳児、４歳児、５歳児それぞれの指導計画を個人、
　　　　　　もしくはグループで協力して立案しよう。

✏ **STEP ③**　STEP ②で作成した指導計画に基づいて模擬保育を保育者役と子ども役に別れて実践
　　　　　　しよう。

✏ **STEP ④**　実践した模擬保育について、グループでカンファレンスしてみよう。

保育者役：実践してみて、うまくいったと思うこと、修正が必要だと思ったこと
ねらいと内容は適切であったか　　　（　　　　　　　　　　　　　　　　　　　　　　　）
予想した子どもの姿は適切であったか（　　　　　　　　　　　　　　　　　　　　　　　）
環境構成は適切であったか　　　　　（　　　　　　　　　　　　　　　　　　　　　　　）
保育者の援助は適切であったか　　　（　　　　　　　　　　　　　　　　　　　　　　　）
子ども役：保育を受けてみて、楽しく感じたこと、困ったこと
ねらいと内容は適切であったか　　　（　　　　　　　　　　　　　　　　　　　　　　　）
予想した子どもの姿は適切であったか（　　　　　　　　　　　　　　　　　　　　　　　）
環境構成は適切であったか　　　　　（　　　　　　　　　　　　　　　　　　　　　　　）
保育者の援助は適切であったか　　　（　　　　　　　　　　　　　　　　　　　　　　　）
保育者役と子ども役：よかった点と修正すべき点をまとめておこう
よかった点
修正すべき点

HINT　カンファレンスなので、一つの答えを導き出すのではなく、多面的に考えてみよう。カンファレンスにつ
　　　いては、第２章（p.24 〜 25）を参照しよう。

第5章 問題解決の案内

　保育にはさまざまなスタイルや方法があります。さまざまな保育について知り、その保育で大事にしていることは何か、保育の形だけを学ぶのでなくその保育の理念をしっかり理解することが大事です。

『保育額講座3　保育のいとなみ─子ども理解の内容と方法』
　　　　　　　　　　　　　　　　日本保育学会編、東京大学出版会、2016
　　保育の営みを形成する子ども理解、保育の内容、保育の方法について、多様な保育実践の事例に基づき、その原理を解説している。

『テ・ファーリキ（完全翻訳・解説）─子どもが輝く保育・教育のひみつを探る』
　　　　　　大橋節子・中原朋生、内田信子、上田敏丈監訳編著、建帛社、2021
　　ニュージーランドの乳幼児教育カリキュラム「テ・ファーリキ」の翻訳と、その理論や背景について解説しており、ラーニング・ストーリーによる保育記録と園の実例も紹介されている。

『森のようちえんの遊びと学び』金子龍太郎・西澤彩木、かもがわ出版、2019
　　自然の中で過ごす子どもたちの豊かなエピソードや写真とともに、「森のようちえん」での保育実践を解説した書籍である。

第6章

協同的な学びと育ちへ

この章のねらい

　幼稚園や保育所は、子どもたちがはじめて経験する集団生活の場です。家族と過ごす家庭とは異なり、子どもたちと保育者とが生活する中で、子ども同士が高め合い、育ち合うといった子ども集団の働きによって教育が行われる場といえるでしょう。子どもたちは、集団生活の中で仲間と共通の目的をもって、それに向かって一人ひとりが考えを出し、話し合い、工夫し、協力して行おうとする協同的な活動の経験を積み重ねていくことにより育っていきます。保育者は、こうした子ども集団の教育力が発揮されるよう保育を展開していくことが求められます。

　みなさんが保育者となったとき、集団生活の中の子どもたちをどのように保育していけばよいのでしょうか。子どもたち一人ひとりが集団の中で生き生きと生活し、子ども集団のもつ働きが発揮されるような保育を展開していきたいものです。この章では、子どもたちの協同的な学びと育ちを可能にする保育実践について考えていきます。まずは、協同的な学びの意義について理解し、子どもが仲間と協同的な活動を展開できるようになるまでの乳幼児期の発達過程を確認します。その上で、子どもたちの協同的な学びと育ちのための保育実践について学びを深めましょう。

1 協同的な学び

1. 協同的な活動とは

　協同的な活動というと「クラス全体で」、「一斉に」、「与えられた同じ活動をする」ことと、イメージする人も多いかもしれません。このようなイメージからすると、協同的な活動は子どもの主体性が発揮できないような活動をさせることになるのではないかと、誤解が生じてしまいます。

　しかし、本来、協同的な活動とは、仲間と共通の目的をもって、その目的に向かって協力し、考えを出し合ったり、工夫したりして、一つのことをやりとげようとする活動のことです。協同的な活動は、クラス集団の活動に限られたものではなく、グループで行われることもあります。子どもたちと保育者とが生活する中で、子ども同士がかかわりを深めながら、子どもたち自身が共通の目的を見つけ、その目的に向かって仲間と協力してやりとげていきます。このように協同的な活動は、クラスだとか、グループだとか、その集団の人数があらかじめ決まっているというよりは、子どもたちの中から自然と集団ができあがり、その集団の中で協同的な活動が生み出されていくものなのです。

2. 協同的な学びの意義

　協同的な活動には、その過程において、仲間とコミュニケーションをとること、仲間とのやりとりの中で自分の気持ちをコントロールすること、想像力を働かせることや思考すること、さまざまな方法で表現すること、運動機能を駆使すること、意欲をもって自発的に取り組むことなど、子どもの発達にとって重要な経験がたくさん含まれています。協同的な活動を通して経験するこれらの事柄は、小学校以降の学習につながる幼児期の重要な学びととらえることができます。

　こうした協同的な学びは、そもそも2005（平成17）年の中央教育審議会答申「子どもを取り巻く環境の変化を踏まえた今後の幼児教育の在り方について」の中でふれられたことで注目されるようになりました。答申では、子どもの育ちの現状を踏まえ、今後の幼児教育における重点施策を7つあげています（図表6-1）。その中の一つに「発達や学びの連続性を踏まえた幼児教育の充実」があげられていますが、小学校との教育内容における円滑な接続の改善として、「……小学校入学前の主に5歳児を対象として、幼児どうしが教師の援助の下で、共通の目的・挑戦的な課題など、一つの目標を作り出し、協力工夫して解決していく活動を『協同的な学び』として位置付け、その取組を推奨する必要がある」[1]としています。以後、「協同的な学び」は、幼稚園および保育所から小学校への学びの連続性を実現する一つの方法として、その必要性が強調されるようになりました。「幼稚園

教育要領」および「保育所保育指針」においては、「幼児期の終わりまでに育ってほしい姿」として示されている 10 の姿の一つに「協同性」があげられています。「友達と関わる中で、互いの思いや考えなどを共有し、共通の目的の実現に向けて、考えたり、工夫したり、協力したりし、充実感をもってやり遂げるようになる」ことが幼児期の終わりまでに育つ方向性として示されているのです。

　このように、子どもの育ちの現状から、現在、幼稚園や保育所では「協同的な学び」がその後の小学校での学習にもつながるものとして重視されるようになっています。

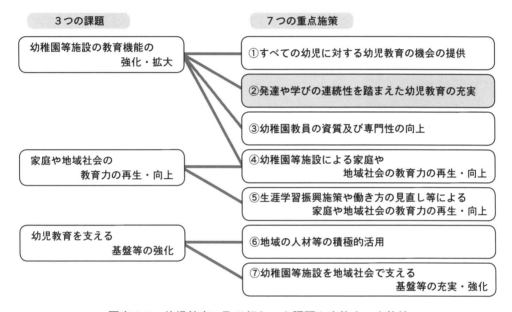

図表 6-1　幼児教育の取り組むべき課題と実施すべき施策
（中央教育審議会答申「子どもを取り巻く環境の変化を踏まえた今後の幼児教育の在り方について」2005）

column　今、なぜ「協同的な学び」なのか

　今、なぜ、保育の現場で「協同的な学び」が重視されるのでしょうか。近年、子どもたちを取り巻く環境が大きく変化しています。2005 年の中央教育審議会から出された「子どもを取り巻く環境の変化を踏まえた今後の幼児教育の在り方について」の答申の中で、子どもの育ちの現状として以下の点が指摘されています。

* 基本的な生活習慣や態度が身に付いていない
* 他者とのかかわりが苦手である
* 自制心や耐性、規範意識が十分に育っていない
* 受身的で学びに対する意欲や関心が低い
* 小学校生活にうまく適応できない

　子どもの育ちの危うさが危惧されるこのような状況において「協同的な学び」が保育の現場で注目されているのです。

2 協同的な学びの実際

協同的な学びは、幼児期後半、主に5歳児ころがさかんになるでしょう。しかし、幼児期後半だけを考えていたのでは十分ではありません。子どもたちの協同的な学びを支えていくには、それまでの子どもの経験や発達が重要です。協同的な学びが可能になるまでのプロセスを園生活の実際を通して確認しておきましょう。

1. 人に対する基本的信頼感を育む

子どもが生まれてはじめて出会う人は養育者（親）です。子どもの人間関係は、養育者からの愛情に満ちたかかわりからはじまります。子どもは乳幼児期に親をはじめとする特定の大人から多くの愛情あるかかわりを受けることで、身近な大人との間に愛着関係を築いていきます。この愛着関係により、子どもは人に対して安心感や信頼感をもつことができるようになります。子どもが友達とのかかわりを楽しみ、次第に協力して遊びを進めていくようになるには、乳児期からのこうした基本的信頼感が育まれることが基盤となっているのです。

---

column マターナル・デプリベーション（maternal deprivation）

発達の初期における母子相互作用の欠如のことをマターナル・デプリベーション、または母性剥奪といいます。母子相互作用とは母親と子どもとの間のやりとりのことで、乳児はこの母子相互作用を通して母との間に愛情の絆を形成していきます。

イギリスの小児科医ボウルビィ（J.Bowlby）は、この母親と子どもとの間にできる愛情で結びついた絆を「愛着」と呼び、こうした人生早期の母子関係の在り方がその後の人間関係の基礎になるという考え方を示しました。

乳児は母親と常に親密で、お互いが満足し幸福感で満たされるような状態を求めています。しかし、もしこのことが欠如すると子どもの発達に深刻な影響を与え、愛着不全をもたらすと考えられています。母子相互作用は乳児が母親に対する愛着を形成する上で重要でありますが、母親が子に対する母性を確立するためにも重要なものなのです。保育者はこうした母子の関係がしっかり形成されるよう支援していくことが求められます。

2．保育者との信頼関係を築く

　家庭において養育者との間に十分な愛着関係を築いてきた子どもも、はじめての園生活ですぐに友達とかかわり楽しく遊ぶことができるわけではありません。保育者との十分なかかわりの上に築かれた信頼関係を基盤にして、次第に周囲の子どもにも目が向いていきます。

事例 ① 「Cちゃん、U先生にどうぞする」（3歳児・6月）

　入園から2か月が過ぎ、クラスの子どもたちは周囲の子どもと同じことをしたり、保育者を仲立ちとしながら友達と「はいどうぞ」「いただきます」など簡単なやりとりをして遊ぶことを楽しむようになってきた。このような中、保育者が「Cちゃんも、Sちゃんにどうぞしたら」と友達とのかかわりのきっかけをつくっても、C子は「Cちゃん、U先生にどうぞする」と、友達ではなく保育者とのかかわりを求めてくる。保育者が「先生、うれしいわ。ありがとう、いただきます」とC子を受け止めるとC子は満足そうに微笑む。

　遊びの中だけでなく、C子は保育者の後をついて歩き一日を過ごしている。弁当の時間も保育者の隣に座らないと落ち着かず、保育者が席について食べはじめるまで自分も食べずに待っているような状況であった。

● 保育者のかかわり

　こんな状況を心配した保護者から「C子は友達ができないんでしょうか」と相談を受けた。保育者は、「Cちゃんは友達のことをよく見ているんですよ。Sちゃんは絵が上手だとか、Nちゃんは砂団子づくりが上手だとか……、友達への関心はとても高いですから大丈夫。次第に友達と遊ぶようになります」と保護者の不安を受け止めながら説明をした。

　1か月後、C子は保育者の言葉どおり、何事もなかったように友達の中に入って遊んでいる。困ったことがあればすぐに保育者のもとにとんでくるが、しばらくするとまた友達と遊びはじめる。弁当の時間には保育者と食べたがるが、「ここからでもCちゃんのお顔、見えるからね」と少し離れた席から保育者が微笑むと、C子も保育者と目を合わせて微笑んでいる。

　事例①のC子は、入園して2か月が過ぎても友達と遊ぼうとしません。片時も保育者のそばを離れず保育者と一緒に行動しています。保護者はそんな状況を心配していますが、保育者はC子が自分と一緒に過ごしながらも周囲の友達へ関心を寄せている姿をとらえ、C子が自ら友達とかかわりたくなるまで待っているようです。いつまで待ち続けたらよいのでしょうか。保育者はきっとそんなことを考えてはいないでしょう。それは子どもが決めることだからです。C子が納得するまで保育者はC子をしっかりと受け止め続けました。弁当の時間、保育者と目を合わせて微笑むC子の姿からは、距離が離れていてもC子と保育者との心がしっかりとつながっていることがわかります。こうした保育者との信頼関係を基盤に子どもは友達と遊ぶことを楽しみ、次第にかかわりを深めていくようになります。

3. 安心感をもって自己が充実する

　保育者との信頼関係ができて安心感をもって園での生活が進められるようになると、周囲の友達に自然と関心が寄せられていきます。

事例 ②　同じものがほしい！　同じ動きが楽しい（3歳児・7月）

　F男が「Tちゃんが取った」と大泣きして保育者のもとへ走ってきた。どうやらさっき保育者と一緒につくったF男の剣をT介が横取りしてしまったらしい。保育者は「Tちゃんに返してもらおうね」とF男の手を取りT介のもとへいくと、「ぼくもこれで遊びたい」とT介はいう。

● 保育者のかかわり
　保育者は「そうか、TちゃんもFちゃんと同じ剣で遊びたかったんだね」とT介の気持ちを受け止めた。F男はその横でT介をにらみつけ涙をいっぱいためている。「じゃあ、Tちゃんにも同じ剣をつくろうね」と保育者が広告紙を丸めて剣をつくりT介に渡し、T介がもっていたF男の剣をF男に返した。
　T介は剣を受け取るとうれしそうに剣でグルグルと円を描きながら「グルグル光線、ヤーヤーヤー」とポーズを決めて見せた。それをみていたF男も同じように「グルグル光線、ヤーヤーヤー」と真似た。2人は何度もグルグル光線を繰り返しては、顔を見合って楽しそうに笑っていた。

　事例②のF男やT介のように、友達に関心が寄せられることによってときにぶつかり合いもありますが、保育者が「同じものがほしい」、「同じことをしてみたい」というT

介の思いを受け止め、実現できるように援助することで、友達とふれあうことの楽しさを味わう経験につなげることができました。
　友達に関心が寄せられるようになる時期は、同じものや同じ動き、同じ言葉を共有することが楽しくなります。友達とふれあうことの楽しさを味わう経験の積み重ねが、協同性の芽生えにつながっていくことでしょう。

4. 集団の中で自己を発揮する

　園生活に慣れてくると、遊びが充実し、自己が発揮されるようになります。

事例 ③　紙芝居づくりしよう（4歳児・9月）

　H也は今日も、集まりの時間になっても遊具の片づけもしないで保育室の中を一人フラフラしている。保育者は、「みんなで楽しいゲームするからおいで。みんな待ってるよ」と声をかけるが、H也にはその言葉が届かないのか急ぐ様子もない。ほかの子どもたちはずっと待たされているので、「Hちゃん、早く」「Hちゃん、まだ」と怒っている。1学期はこのようなことはなかったが、最近のH也はいつもこんな様子である。

● **保育者のかかわり**

　翌日、保育者はこんな状況のH也にとことんつきあってみることにした。朝からH也と一緒に動いてみると、H也が虫に興味があることがわかった。職員室から虫図鑑をもってきて一緒に見ていると、H也が「虫を描きたい」というので画用紙とクレヨン、それから絵の具も用意した。H也は保育者に大好きな虫の話をしながら虫の絵を何枚も描いた。H也の虫の話がおもしろかったので保育者はH也の話を書きとめていき、H也の絵と話が紙芝居のようになっていった。

　その日の帰りの会ではH也がつくった紙芝居をみんなの前で読んでもらうことにした。H也は生き生きとみんなの前で紙芝居を読んで見せた。みんなも「Hちゃん、すごい」と、H也の紙芝居を感心して見ている。翌日、H也のまわりには「紙芝居づくりしよう」と、R子、K太、J男が集まってきた。H也はみんなにつくり方を教えている。R子もH也を真似て虫の絵を描いていたが、虫の足を表現するのに製作棚に置いておいたモールをもってきて貼りつけた。それを見ていたH也たちもR子を真似てモールの足をつけている。この日は4人の紙芝居を一つにして帰りの会で発表することとなった。

　事例③のH也は、興味や関心が育ってきているにもかかわらず適切な環境や保育者のかかわりが得られなかったため自己が発揮できず、その不満からか集まりへの参加にも気持ちが向かなかったのでしょう。保育者の理解や援助が得られると、H也は生き生きと自己を発揮しています。また、保育者の働きかけによって、H也の自己発揮が他児へと伝わっていき4人のグループ活動へと発展しています。R子のモールを使った虫の足の表現はH也にとっても魅力的なアイデアでした。このように、自分がはじめた遊びがほかの子どもの参加によってより楽しく充実したという経験が大切です。こうした経験が、目的の共有や楽しさの共有、いろいろなアイデアと出会う結果となり、多くの人数で遊ぶ喜びを実感し、協同性が芽生えていきます。個の発揮が集団の充実へ、集団の充実が個の発揮へとつながっていくのです。

5.　協同的な活動により学びが成り立つ

　5歳児後半にもなると、一緒に活動することを通して子ども同士の人間関係が深まり、共通の目的のもと協力していくことが可能となります。この時期は子ども同士が協同的な活動をし、その活動を通して学びが成り立つようになるのです。

事例 ④ ホールを博物館にしたい（5歳児・11月）

　昨日、クラスの遠足で博物館を見学してきたことがきっかけとなり、M男が恐竜をつくりはじめた。隣で見ていたC介も「おれもつくる」とつくりはじめた。「大きかったよね」「頭が天井まであった」と、2人は見てきたことを話しながら楽しそうである。はじめは空き箱でそれぞれが小さな恐竜をつくっていたが、「もっと大きいのつくろうよ」「うん、昨日みたいな！」と博物館で見てきた大きな恐竜をつくることとなった。

　「何でつくる？」とM男が聞くと、「ダンボールがいいんじゃない」とC介。保育者にダンボールをもらってホールに運ぶことになった。たくさんのダンボールを運ぼうとする2人に「おれ手伝う！」、「おれも」とK夫とL也が加わり4人で大恐竜づくりがはじまった。「こっちもって」「オーケー」「おれテープ切る」と、4人は協力しながらダンボールをつなぎ合わせていく。胴体ができてきたところで、「足はどうする？」「うーん、足はどんな形だったかな？」と4人。近くで見ていたS子とN美が「こんな感じじゃない？」と恐竜図鑑をもってきた。「そうか！　でもどうやってつくる？」とM男。S子が「絵に描いてみたら？」と提案する。「いいね、設計図だ！」とC介。「設計図、設計図！」と6人は盛り上がって、図鑑を見ながら大きな模造紙に設計図を描くことになった。絵の得意なS子とN美がみんなの意見を聞きながら設計図を描き、4人が設計図を見ながらつくることとなった。

　この活動は翌日も、またその翌日も続いた。つくっていくうちに、M男は「博物館の恐竜はどうだったかな？」と博物館で見た恐竜の再現にこだわりを見せる。C介も「うん、ティラノサウルス！　もう1回見ないと……」という。ほかの子どもも「赤ちゃん恐竜もいたよね。私たちは赤ちゃん恐竜をつくろう」と活動が広がっていったこともあり、思い切ってもう一度クラスで博物館に出かけることとなった。2回目の博物館は、子どもたちも恐竜の観察に余念がない。用意した画用紙に恐竜を描いたり、恐竜の指の本数を数えたり、恐竜の食べ物を調べたりしている子どももいた。博物館から帰ってきた日の午後、「ホールを博物館にしたい」というA太の発言から、「そうだね、いろんな恐竜をつくろうよ」「私、チケット売りのお姉さんやる」「じゃあ、チケットつくらなきゃね」「お客さん呼ぶ？」「お金も必要だよ」とクラスでの活動へと発展していった。クラスで取り組んだ博物館づくりは、ほかのクラスの子どもたちや保護者も招いて大盛況におわった。

　事例④は、博物館遠足というクラスでの共通の体験が恐竜への関心を生み、博物館で見た恐竜の再現という目的をもった活動へと発展していきました。はじめはM男とC介の2人ではじまった大恐竜づくりが、その楽しそうな様子からあっという間に6人の活動に、そして最終的にはクラスの活動になりました。子どもたちは、共通の目的に向かって、友達とイメージを出し合ったり、どうやってつくるか考えを出し合ったりしています。また、博物館にあったような迫力ある恐竜をリアルに再現したいとの思いから、図鑑で調べたり、2回目の博物館遠足に出かけて詳細な観察もしています。恐竜に興味をもつ子どもだけでなく、チケット売り場に興味をもつ子どももいて、さまざまな興味が一つの活動の中でつながり、それぞれの力が発揮されています。お互いのよさを認め合いながら、意見を調整し、協力することで博物館はますます楽しく展開していきました。それぞれの力が発揮されることで、充実した集団の活動となっています。博物館ができあがったときには、最後までやりとげた達成感を味わったに違いありません。こうした協同的な活動には、子どもたちにとって多くの学びがつまっていることがわかります。

　協同的な学びを可能にするためは、その前の段階から人間関係のもっとも基盤となる養育者との愛着関係や保育者との信頼関係を土台に、安心感と自己充実の中でほかの子どもとふれあう楽しさを十分に感じることが重要です。子どもは他児とかかわる楽しさを十分に感じる経験から、集団の中で自己を発揮しまた自己を発揮する他児の影響を受けながら集団自体が充実していきます。こうした集団が形成されることにより、協同的な活動による学びが成立していくといった「協同的な学びへのプロセス」を理解することが大切です（図表6-2）。

　保育は子ども一人ひとりへの対応が大事にされています。同時に集団の中で子どもが育ち合う姿も大事にされています。保育者は個と集団の育ちの両面を見て援助していくことが必要です。

　次頁の演習課題では、保育現場でよく行われている絵本の読み聞かせと製作活動を例にあげ、一人で活動するときと、集団で活動するときのそれぞれの意味をとらえ、その援助の在り方について考えてみましょう。集団での活動は、協同的な学びへとつながるような保育の計画を立てるとよいでしょう。

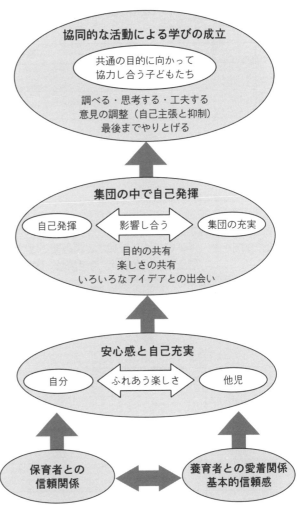

図表6-2　協同的な学びへのプロセス

「一対一」と「集団」での絵本の読み聞かせを考えてみよう。 グループ

✎ **STEP ①** 絵本の読み聞かせを「一対一」で行うよさと「集団」で行うよさについて、グループで話し合ってみよう。

	「一対一」での読み聞かせのよさ	「集団」での読み聞かせのよさ
1		
2		
3		
4		
5		
6		

✎ **STEP ②** 「一対一」での読み聞かせに適した絵本と「集団」での読み聞かせに適した絵本を探してみよう。

	絵本のタイトル	適している理由（具体的に書きましょう）
一対一		
集団		

✎ **STEP ③** STEP ②で探した絵本の読み聞かせを、それぞれ1冊ずつ実践してみよう。実践にあたっては、ねらい、環境構成、留意点を考えて行うようにしよう。

	一対一	集団
絵本タイトル		
ねらい		
環境構成 援助の留意点		
実践後の 自己評価		

演習課題 **2** 一人とグループで行う製作活動について考えてみよう。 個人

> <現在の子どもの姿> 5歳児 11月
> 　先週、近隣の魚屋さんが鮭をさばいて見せてくれた。鮭1匹の大きさに驚きをもって見たり、1匹の鮭が切り身になっていく様子に興味津々な姿があった。魚屋さんが鰹や鯛などの魚拓ももってきてくれたことにより、子どもたちの魚への興味がいっそう高まったようだ。魚の図鑑を保育室に置いておくと、友達と一緒に見て楽しみ、いろいろな魚や海の中の生き物に興味が高まっている。また、魚を自由画帳にクレヨンで描いて楽しんでいる子どももいる。S太とK介は、魚拓に興味をもったようで、いただいた魚拓を眺めている。

✎ **STEP ①** 現在の子どもの姿から「ねらい」と「内容」を考えよう。

	一人一つの製作活動の場合	グループで一つの製作活動の場合
ねらい		
内容		

✎ **STEP ②** どのような製作物をつくるか、考えよう。

一人一つの製作活動の場合	グループで一つの製作活動の場合

✎ **STEP ③** STEP ①と②を踏まえて、一人一つの製作活動の場合、グループで一つの製作活動の場合、それぞれの指導計画（日案）を作成してみよう。

この章の学習をおえて ━━━━◆ この章で学んだことをまとめてみよう

第6章 問題解決の案内

　協同的な学びが今とても注目されています。子どもは集団の中で活動することを通して多くの学びがあります。しかし、協同的な学びは大人が用意した活動をみんなで一斉に行う活動ではありません。子ども一人ひとりの自己が発揮されることで集団が充実していきます。そうした集団の形成が協同的な学びには欠かせません。具体的な保育実践から協同的な学びの実際を学びましょう。

『プロジェクト型保育の実践研究―協同的学びを実現するために』角尾和子、北大路書房、2008
　　プロジェクト型保育の意義について理論的な解説とともに、具体的でわかりやすく実践の紹介がされている。

『「子ども主体の協同的な学び」が生まれる保育』大豆生田啓友、学研プラス、2014
　　幼稚園や保育所における協同的な学びの活動実践が豊富に紹介されている。協同的な学びの活動やプロジェクト活動について具体的に解説した書籍である。

『子どもが対話する保育「サークルタイム」のすすめ』大豆生田啓友・豪田トモ、小学館、2022
　　子ども同士が対話する「サークルタイム」の保育活動を紹介し、対話の中での子どもの育ちや「サークルタイム」の実践について解説している。

第7章

保育の振り返り

　保育者は子ども一人ひとりに応じた保育が求められます。そのため、保育者は日々
の保育実践を振り返り、子どもに対する理解を深めたり自分の保育を向上させてい
くことが必要です。

　この章では、よりよい保育実践を目指して振り返りの目的や意義を理解し、振り
返りの方法を身につけます。また、本章では具体的な振り返りの事例を提示してお
り、その事例に基づいて自分の保育について振り返ります。実際に自分の保育につ
いて振り返ることで、自分の援助や子どもの行動などの意味を分析して、自身の保
育実践の課題の明確化や子どもに対する理解を深めます。

1 保育実践を振り返る意義

1．振り返ることの重要性

　振り返りは保育を実践する上で非常に重要な行為であることはいうまでもありません。それでは、なぜ保育実践する上で振り返りが重要なのでしょうか。

　鯨岡は振り返りについて保育者に求められる専門性の一つとしてとらえ、「保育者の計画・立案の専門性と、保育実践の専門性を関連づけながら、それを評価し反省する『ふりかえり』の専門性、つまりメタ専門性とでもいうべきもの」[1]と述べています（メタ専門性とは、自分が自分の思考や行動（ここでは保育者の計画・立案の専門性と保育実践の専門性）を対象化して批評します。そして、批評した結果に基づき自分の思考や行動を調整することができる能力です）。その理由は、自ら立案した指導計画に基づく保育実践が子ども一人ひとりのために生かされていたのか批判的・反省的に吟味することで、自己を客観視することを意味するからです。そして、その結果が次回の指導計画・立案に生かされ保育実践の質を向上させることにつながるため、振り返りを保育者の専門性としてとらえています。

　保育者の専門性としての意味は、振り返りがなければ、自分の保育実践が子ども一人ひとりのために行っていたのか理解することができず、保育実践を改善する機会を失い、保育の質の向上が望めないからです。また、振り返りは自己の保育実践の改善を促すだけでなく、これまでの自分の考えとは異なる保育の視点を生み、気づくことができなかった保育の本質を発見することができます。よりよい保育者を目指すならば、振り返りは重要な行為であることが理解できると思います。

2．振り返りとは

　では、振り返りとはどんな行為なのか考えましょう。津守は「過去は現在となり、そして、未来を生みだす力になる。その精神作業は、反省に考察を加えること、すなわち省察である」[2]と述べています。省察とは自分の主観的な善し悪しや後悔の念などの感情で保育実践を評価することではなく、保育実践の意味を何度も問い返し見出すことです。保育における振り返りとは、漫然と自分の保育実践を思い返すことではなく、反省と考察を繰り返す省察を意味します。

　保育現場において保育者は子どもに対する保育だけでなくさまざまな職務に追われ多忙です。そのため、子ども一人ひとりとのかかわりの中で意識的に自分の保育実践を振り返ることは困難です。なぜならば、保育中は子どもの特性に応じた援助を一人ひとり連続して行わなければならず、一人の子どものかかわりに対してじっくりと振り返る余裕がないからです。そこで、保育者は保育終了後に、その日の保育に対する振り返りの時間をつく

ることが必要になります。

　学生にとっての振り返りの時間とは、実習記録や指導案などを書く時間、実習担当指導者である保育者との反省会、実習後に学校で行う事後指導などがあげられます。また、現場の保育者は各種の保育記録を書く時間、指導計画や実践事例などをディスカッションする保育カンファレンスなどが振り返りの時間としてあげられます。

　このような振り返りの時間の中で、学生や保育者はその日の保育中の子どもの言動や自分の保育に対する意味をじっくりと考えることが必要です。保育中には気づくことができなかった子どもの活動や自らの保育の意味などを考察して、それらの意味を関連づけることによって保育の中の場面を理解することができると思います。

3．保育記録を振り返る

　保育記録を書く行為は自分自身の保育を振り返る第一歩です。それは、漫然としてとらえていた保育実践を文章化することによって、具体的に考えるきっかけとなり、保育中の援助の輪郭を明らかにすることができるからです。一般的に保育記録とは、保育者が記録するものとして保育実践記録、保育日誌、エピソード記録、個人記録などあげられ、学生であれば実習記録などがあげられます。

　「保育所保育指針」第1章「3　保育の計画及び評価」では「保育士等は、保育の計画や保育の記録を通して、自らの保育実践を振り返り、自己評価することを通して、その専門性の向上や保育実践の改善に努めなければならない」と記述され、保育の記録によって振り返ることの重要性を述べています。文章として記録された保育実践は何度も読み返すことができます。記録は書くだけでなく、記録を通して知識や現実での出来事に基づいて客観的に振り返り、保育に対する理解を深めることが大切です。

　また、振り返りは原則として自分の保育実践について行う行為です。しかし、ほかの保育者の保育について振り返ることも大切です。それは、ほかの保育者の保育のねらいなどを理解して知識として蓄積することによって、自身の保育実践の意味を考えるために重要な要素となるからです。特に保育経験が少ない学生の場合は、実習記録に記載している現場の保育者の援助について振り返り、どんなねらいがあったのか検討することが大切です。

4．行為の中の振り返り──行為の中の省察

　また、デューイのリフレクションの考えを発展させたD. ショーン（D. Schön）の専門家像が保育者の在り方として提唱されています。D. ショーンは「省察的実践者」という新たな専門家像を提唱し、複雑で複合的な問題をもつクライアントに対して「行為の中の省察（reflection in action）」に基づいて対処することが専門家の本質であると述べました。「行為の中の省察」とは、もともともっている保育者の専門的知識や技術を駆使して子ど

もに対して援助（行為）を行い、その援助（行為）の最中に子どもの反応やその背景などの状況を把握しながら、瞬間的に自分の行動や考えを振り返り、問題の本質をとらえ直して新たな解決方法を探り援助を行うことです。

　ここでみなさんにもっとも理解していただきたいのは、保育者としての専門的知識や技術を蓄積することによって、目の前で起きている子どもの姿（問題）を自分の専門知識や技術にあてはめて保育することだけになってしまう、いわゆるマンネリ化した保育で満足してはいけないということです。保育者は子どもの問題に応じて、瞬間的にその状況に対して振り返ることを繰り返して、自分の専門的知識や技術への批判と反省を行い新たな保育を模索する姿勢が大切です。

column　　保育者の一瞬の判断

　私が学生を保育所に引率をしていた際の出来事です。子どもたちは園庭で各々の遊びを展開しており、学生は園庭で遊んでいる子どもに対して安全に配慮しながら援助していました。
　私がそのような学生たちの様子を見ていると、歩き方がおぼつかない子どもがパンダの形をした遊具のてっぺんに登ろうとしていました。まだ誰も気づいていない様子だったので、私は学生に子どもを見守るように指示しようと思ったとき、パンダの遊具に背を向けて掃除をしていた保育者が後ろを振り向き「〇〇くん危ないよ」と声をかけ、子どもの手をとったのです。なぜ、見えていない子どもに気づいたのか不思議で保育者にたずねたところ、保育者はその遊具があまり大きくなく2〜3歳の子どもでも登ることができ、転ぶことが多いので、いつも気をつけていると話していました。また、その子どもがいつも遊んでいる場所にいないことに気づき、とっさにパンダの遊具を見たそうです。
　保育者は園庭での子どもの遊びの様子が普段と違うことに気づき、瞬間的に子どもがパンダの遊具で遊んでいれば怪我をするかもしれないという判断をしています。それは保育者が日々の保育を振り返ることで遊具の危険性やその子どもの行動特性を把握していたからこそ瞬間的に判断して対応できたのです。

2 保育実践の振り返りの 方法と実際

1. 自己覚知——自分を知る

　振り返りで大切なことは、まず自分を知ることです。そのためには、「自己覚知」することが必要です。

　「自己覚知」とは、対人援助の専門職として自らの能力、性格、個性を知り、感情、態度を意識的にコントロールすることです。過去の保育実践を振り返る中で自分の固定観念に気づくことは、自分の価値・偏見や先入観などによる援助の偏りを理解することができます。援助の偏りとは、特定の子どもや行動などに対して、激しい憤りを感じてかかわりをもってしまったり、心から同情してかかわりをもってしまったりすることなどです。自分の固定観念に対する気づきを得ることは、自分自身の援助の偏りを取り除き、ありのままの子どもを理解して援助することで、子どもとよりよい関係を築き、援助することができます。

(1) ジョハリの窓

　具体的に自分を知るためには、どうすればよいのでしょうか。「自己覚知」の方法として心理学者のジョセフ・ルフト（Joseph Luft）とハリー・インガム（Harry Ingham）は「対人関係における気づきのグラフモデル」として「ジョハリの窓」（図表7-1）を提唱しています。「ジョハリの窓」は「自分が知っている・知らない」と「他人が知っている・知らない」を軸として、4つの領域を設定しています。4つの領域とは自分も他人も知っている領域の「開放の窓」、他人が知っていて自分が知らない領域の「盲点の窓」、自分が知っていて他人が知らない領域の「秘密の窓」、自分も他人も知らない領域の「未知の窓」です。

　「開放の窓」以外の領域は自分自身の理解として不十分な領域です。そのため、自分自

図表 7-1　ジョハリの窓

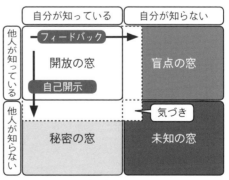

図表 7-2　「開放の窓」の広がり

身を理解するためには「開放の窓」を広げる必要があります（図表7-2）。「開放の窓」の領域を広げる方法は2つあり、それは他人への「自己開示」と他人からの「フィードバック」です。自分が他人に自己開示することによって他人は自分のことをより深く知るようになり、他人が自分の自己開示によって感じたことを自分にフィードバックすることで「開放の窓」の領域が広がります。さらに、「自己開示」と「フィードバック」を繰り返すことによって自分自身への理解が深まり、自分も他人も知らなかった「未知の窓」の領域に気づくことができます。つまり、自分を知るためには自分自身の振り返りだけでは不十分で、他人から自分自身のことを指摘されることにより自分自身の理解が深まることができるのです。

（2）保育実践での自分の「強み」と「弱み」を知る

　具体的な自己覚知の方法の一つとして、まず、保育を実践する上での自分の「強み」や「弱み」をできるだけ多く考えてみましょう。その際には、「子どもとのかかわり」「同僚（保育者）とのかかわり」「保護者とのかかわり」などのさまざまな場面設定をして考えるとよいでしょう。それから、グループワークでお互いに自分の「強み」「弱み」を発表し、「自分が知っている」「発表を踏まえて感じた」グループのメンバーの「強み」「弱み」を指摘します。そして、これらの指摘を受け新たに発見した自分の「強み」「弱み」を理解します。このようなグループワークによって自分自身の「開放の窓」が広がり自己覚知ができると思います（本書、p.86→演習課題①）。

2．事例の振り返りのプロセス

　保育実践を振り返る作業を行うためには、振り返るためのプロセスを理解する必要があります。振り返りは、保育実践を何となくぼんやりと自分の頭の中で振り返るだけでは不十分です。保育者を成長させるような振り返りをするためには、保育実践を言葉で表現してどのような援助であったのか、保育実践への評価——分析——改善のプロセスを行うことが大切です。これらの振り返りの繰り返しが保育実践に対する知識として蓄積され、次の保育実践に対して効果的に生かすことができます。そこで、振り返りのプロセスとして看護分野で看護実践の意味や価値を見出すために用いられているギブズ（Gibbs）のリフレクティブサイクルを参考に説明します。

　このサイクルは、「記述・描写（Description）：何が起こったのか？」「フィーリング・感覚（Feeling）：何を考え、何を感じたのか？」「評価（Evaluation）：この経験の何がよくて何が悪かったのか？」「分析（Analysis）：この状況から意図されるものは何か？」「結論（Conclusion）：ほかに何ができたか？」「行動計画（Action Plan）：もしまたそれが起こったらどうするのか？」によって構成されています（図表7-3）。

　まず、「記述・描写」においての作業は「振り返り」をしたい保育実践での事例を文章に表します。文章に表す際の注意事項として、そのときに起こった事実だけを書くこと、

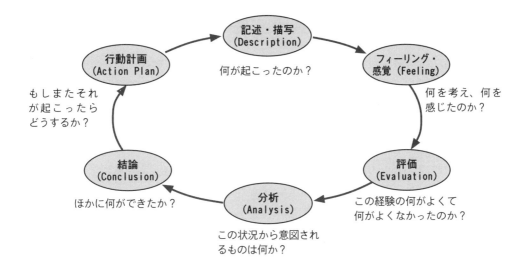

図表 7-3　ギブズのリフレクティブサイクル

出典：サラ・バーンズ、クリス・バルマン編、田中由美、津田紀子監訳
『看護における反省的実践―専門的プラクティショナーの成長』ゆみる出版、2005、p.123

自分自身の感情や思いを書かないことです。また、この事例として文章化する行為は、漠然ととらえていた保育実践を具体的に考えるきっかけとなり、自己の保育実践を明確に意識して客観視することにもつながります。

「フィーリング・感覚」では、その事例で自分自身が「どのように考え」「どう感じたのか」明らかにします。この作業では、事例で起こった自分自身のうれしさ、悲しみ、怒り、感動などの感情をそのまま表します。事実と感情を分解して考えることによって、自分の感情と行動の因果関係を知ることができ、自分の固定観念を知ることができます。

「評価」の作業では、事例での自分自身の保育実践の「何がよかったか」「何がよくなかったのか」評価します。そして、その事例での子どもの行動、同僚の保育者の援助、自分自身の援助などの重要性を考えます。

「分析」では、取り上げた事例の状況から意図されること、意味のあることは何か探索します。分析をする際には、たとえば「評価」で考察した「よかったこと」「よくなかったこと」などの要素に分解して、それぞれの「何を行ったことでよくなったのか？」「何を行ったことで悪くなったのか？」探求します。この分析を行うことによって、この事例の意味することなどの教訓を明らかにします。

「結論」では、「記述・描写」から「分析」までの振り返りのプロセスでの自己の成長や他者の行動がどのように影響したのかを考えます。そして事例の援助よりも効果的な援助を探究します。

最後に「行動計画」では、再び同じような状況になった場合に、自分自身はどうするのか問いかけ、将来の行動を予測することです。次の項では保育記録などの事例を通した具体的な振り返りの方法について説明します。

では、リフレクティブサイクルの振り返りのプロセスをもとにして以下の作業で事例を振り返ります。

① 事例を記述する

② 振り返りをまとめる

　・振り返りの目的を明確にする

　・そのときの自分の感情を記述する

　・自分の援助を評価し、自分の援助と子どもの言動について分析する

　・今後の課題の明確化と今後の行動を計画する

（1）事例を記述する

保育記録や日々の保育で検討したい事例を取り上げます。新たに事例を記述する際には事例で起こった事実のみを記述すること（自身の感情や思いは記述しない）、できるだけ子どもについて知っている情報のみを記述することを心がけます。

＜記述の悪い例＞

　怒ったＢ太は「Ａ也がもうやらないといったのに絵を描いた」とＡ也にいった。Ａ也は黙ってうつむいたままだったので、さらに怒った様子でＢ太はＡ也をにらんでいた。B太は自分の問いかけに答えようとしないA也にいらだったのだろう。

＜記述の悪い例＞の波線部のように「怒った」などの感情や思いは記述しない。

＜記述のよい例＞

　Ｂ太は「Ａ也がもうやらないといったのに絵を描いた」とＡ也にいった。Ａ也は黙ってうつむき、Ｂ太はＡ也をにらんでいた。

次頁の事例は、保育所で実習した学生の子どもへの援助の様子です。この事例をもとに振り返りのポイントを説明します。

（2）振り返りをまとめる

p.84 ～ 85 は事例（p.83）に基づいてまとめた振り返りの実例です。振り返りの目的を明確にし、そのときの自分の感情を事実と分けて記述して、そのときの感情による援助の傾向を理解しましょう。また事例での自分の援助を評価してその援助の「よかった点」「よくなかった点」や気になった子どもの行動などに対して、子どもの社会的背景や普段の生活状況、学校で学習した知識などを論拠として分析します。そして、最後に今後の課題と行動計画を示すようにします。

＜事例：他児に対してあまのじゃくな行動をとるＡ也のトラブルへの援助（4歳児）＞

Ａ也は4歳の男児である。家庭状況は両親が離婚したばかりで、Ａ也は父親に引き取られている。朝の登園は父親が一緒であるが、Ａ也の世話は主に祖母がしている。しかし、祖母はＡ也の世話にあまり熱心でなく、Ａ也は家庭内で一人になることが多いようである。父親も仕事が忙しいようで、ほかの子どもよりも早く保育所に連れてきてＡ也に声をかけることなく仕事に向かってしまう。

登園時の荷物の整理も、ほかの子どもは保護者と一緒に整理するのに対して、Ａ也は保育者と一緒に荷物の整理を行っている。また、荷物の整理の際にＡ也は、保育者に荷物の整理を促されても自らやろうとしない。そのとき、Ａ也はわざと違う話題を出して保育者に話しかける傾向がある。ほかの子どもとの会話の中でも、ほかの子どもがＡ也に対してアドバイスをすると、それとは正反対の行動を起こし、ほかの子どもからも嫌がられてしまうことがしばしばある。

お店屋さんごっこをするために子どもたちが看板製作をすることになった際のことである。看板製作は3、4、5歳の子どもが合同で行う活動である。Ａ也は、5歳児のＢ太が看板に文字を描きおえるのを待っていた。Ａ也は、突然「うんち、うんち」といってＢ太が描いている途中にもかかわらず茶色のクレヨンでうんちの絵を描きはじめてしまう。Ｂ太はＡ也の手をつかむと「何してんだよ」と怒鳴った。そのとき、一緒に活動していた保育者は私に対してけんかを少し見守るように指示した。Ａ也は「ごめんね」とすぐにＢ太に謝り、Ｂ太は「絶対にしないでよ」といって手を離した。しかし、Ａ也は茶色のクレヨンをもちながらじっと見つめたまま動かなかった。そして、またＡ也は看板にうんちの絵を描きはじめた。ほかの子どもたちもＡ也にいろいろといいはじめた。Ｂ太は「嘘つき、Ａ也のばか」とＡ也を押した。それでも、Ａ也は無言で絵を描こうと看板に手を伸ばした。それに対して、Ｂ太はＡ也を止めようとして揉み合いになった。

それまで見守っていた私はけんかの仲裁に入った。Ｂ太につかみかかろうとしていたＡ也に対して「Ａ也くん」と名前を呼んで叱った。Ａ也は私が叱ったにもかかわらず、絵を描こうとした。その様子を見たＢ太はＡ也を止めに入ってけんかになった。私は「Ａ也くん、Ｂ太くん、ちょっと待って」と声をかけ2人を引き離した。Ｂ太は「Ａ也がもうやらないといったのに絵を描いた」とＡ也にいった。Ａ也は黙ってうつむき、Ｂ太はＡ也をにらんでいた。私は、Ａ也に「どうしてこんなことしたのかな？」と声をかけた。すると、Ａ也は私を見たので「Ａ也くん、みんなの顔を見てごらん、どんな顔をしている？」と声をかけた。Ａ也は「嫌そうな顔をしている」と小さな声で話した。さらに「Ａ也くんはうんちの描いてある看板を見て楽しく遊べると思う」とたずねた。Ａ也は「そうは思わない」と話した。Ｂ太はＡ也をにらみながら「わかっているのに、どうしてこんなことするんだよ」といったが、Ａ也は質問に答えようとしなかった。私は「Ａ也くん」と呼ぶと、Ａ也は「わからないよ、ごめん、もうしない」と泣き出した。私はＢ太に「Ａ也くんをもう一度信じてあげてくれるかな」とたずね、Ｂ太はうなずいた。泣いているＡ也に対して、私は「描いてしまった絵はどうする」とたずねると、Ｂ太が「アイスクリームにするとよいよ」といって、Ａ也の手をとって一緒にコーンを描き足してアイスクリームにした。

振り返りの目的
　何を目的にして振り返るのか、目的①～③のように明確にする。

この事例では、**なぜ、Ａ也が子どもたちの嫌がる言動をとってしまったのか**[1]、**なぜ、保育者がけんかを見守るように指示をしたのか**[2]、**けんかをしているＡ也に対して適切な援助ができたのか**[3]を振り返りたいと思います。

　Ａ也は、突然「うんち、うんち」といってＢ太が描いている途中にもかかわらず茶色のクレヨンでうんちの絵を描きはじめてしまいました。怒ったＢ太はＡ也の手をつかむと「何してんだよ」と怒鳴ります。<u>私はＡ也の行動に驚き、怒ったＢ太の行動に対して対応しなければいけないと思い焦っていました。</u>そのとき、一緒に活動していた保育者は私に対してけんかを少し見守るように指示をしました。<u>私は保育者の指示のねらいがわからず戸惑ってしまいました。</u>Ａ也は「ごめんね」とすぐにＢ太に謝り、Ｂ太は「絶対にしないでよ」といって手を離しました。しかし、Ａ也は茶色のクレヨンをもちながらじっと見つめたまま動きませんでした。そして、またＡ也は看板にうんちの絵を描きはじめました。<u>Ａ也が謝ったため安堵しましたが、また絵を描きはじめたＡ也の行動に対して戸惑いと憤りを感じていました。</u>ほかの子どもたちも、色とりどりのきれいな絵を描いていたのでＡ也にいいはじめました。Ｂ太は「嘘つき、Ａ也のばか」とＡ也を押しました。<u>ほかの子どもも騒ぎはじめ、さらにＢ太とＡ也がけんかになると思い、この状況にどのように対処したらよいかわからず混乱していました。</u>それでも、Ａ也は無言で絵を描こうと看板に手を伸ばしました。それに対して、Ｂ太はＡ也を止めようとして揉み合いになりました。<u>ほかの子どもが嫌がっているのに絵を描こうとするＡ也にいらだち、Ａ也とＢ太がけんかになったため止めようとして慌てていました。</u>

感情の記述
　前頁の事例の出来事に対してそのとき自分がどのように感じた・考えたのか事例に記入する。
　自分の感情は、前頁の事例の「Ａ也が絵を描いてもみ合いになるまでの場面」の記述を用いながら、傍線で示したように出来事に対して記述していくとよい。

　<u>Ａ也は両親が離婚したばかりで家族とのかかわりが希薄です。また、普段の保育所での生活も保育者に過度に甘えたり、ほかの子どもにあまのじゃくな言動をとったりと情緒的に不安定な状態です。</u>〜〜〜離婚による子どものストレスは一般的に離婚直前のストレスがもっとも強いといわれています。そして、両親が離別して家族が再構成していく過程で徐々にストレスが弱まっていきます〜〜〜[1]。〜〜〜Ａ也の両親は離婚したばかりで、Ａ也が離婚による強いストレスを感じている状態であると考えられます〜〜〜[2]。
　離婚によるストレスなどの影響によって、子どもは情緒や行動上の障害を引き起こす傾向があり、たとえば、攻撃的になる、反抗する、大人に依存的になる、気むずかしい、日常的な活動への関心が薄れ仲間関係の親密さを損なうなどの「退行現象」と呼ばれる不適応反応を起こします。通常は一時的なもので１年もしくは２年後に改善するとされています。しかし、家族の再構成が妨げられる場合、子どもは継続してストレッサーに晒され続け不適応反応も改善できません。Ａ也は離婚による強いストレッサーに晒されることによって「退行現象」のような不適応反応を示し、情緒不安定な状態になっていると思われます。

目的①：なぜ、Ａ也がこどもたちの嫌がる言動をとってしまったのか
　一般的な知識を傍線①のように、子どもの行動の意味を波線②のように論拠として分析し、記述していくとよい。

よかった点

　〔保育者がＡ也とＢ太の様子を見守るよう指示したことは適切であったと思います。〕それは、<u>子どもの言動、自分の援助における感情をみると、けんかの対応への焦り、戸惑い、不安が多く、子どものことを考えて援助する余裕がなかった状況が理解できるから</u>[1]です。
　また、<u>私はけんかという経験を通して子どもに何を身につけてほしいのか、保育を行う上で大事な考えを忘れていました</u>[2]。<u>この状況では冷静に状況を判断することが私に求められていたと思います</u>[3]。そして、Ａ也（４歳）とＢ太（５歳）の年齢を考えると、自分たちでけんかを解決できる力があることを見極めて援助する必要があったと思います。
　私はこの事例を通して、子ども一人ひとりの特性を理解して冷静にその場の状況を把握して援助することの大切さを学ぶことができました。

目的②：なぜ、保育者がけんかを見守るように指示をしたのか
　網かけで示したように、保育者の指示がよかったのか、よくなかったのかを評価する。そして、子どもの言動と自分の言動や感情の事実を下線①②のように、保育者の指示の意味を波線③のように論拠として分析し、記述していくとよい。

よかった点

　もみ合いになりけがをするといけないと思い、Ａ也とＢ太の２人の仲裁に入った
ことはよかった点だと思います。２人とも興奮していたので、けがを予防できた①
のではないかと思います。Ａ也の普段の言動を考えて、製作活動がはじまったとき
よりＡ也の行動に注視していたためにできた行動だと思います。普段の子どもたち
の特性を把握しておく大切さを改めて認識できたと思います②。

よかった点

　また、Ａ也に対して自分の言動がほかの子どもたちに不快な思いをさせているこ
とに気づかせ、自ら謝ることができるように援助できた点はよかったと思います。
　私は怒っているＢ太の気持ちを考え、Ａ也に対して子どもたちの表情を見るよう
に問いかけました。Ａ也は私に問いかけられたことによって、少し冷静になりほか
の子どもたちに嫌な行為をしていると理解した様子でした③。Ａ也が自らほかの子
どもの表情を確認したことによって、自分の行為を客観視することができたと思い
ます。この援助によってＡ也はほかの子どもの気持ちを理解することができ、Ｂ太
にも謝ることができたと思います④。

よくなかった点

　しかし、看板に相応しくない絵を描いてしまったことを反省させる問いかけは、
すでに反省して泣いているＡ也に対して必要がなかった問いかけだと思います。ま
た、私はけんかを収束することだけを考え、Ｂ太に対してＡ也に謝らせることに終
始してしたこともよくなかった点です。
　私は描いてしまった絵を消すことができないので、Ａ也が取り返しのつかないこ
とをしてしまったと反省してもらいたかったため問いかけました。しかし、そのと
きのＡ也は他人の話すことが聞けないほど泣いていた⑤ため、私の問いかけに対し
て答えることができなかったと思います⑥。
　またＢ太は謝ったＡ也を受け入れたことで、Ａ也が困っている様子を見て助けて
あげたいという気持ちが大きくなり、一緒に絵を描く行動をとったと思います。私
はこの事例での援助で、怒っているＢ太に対してＡ也に謝らせたいという気持ちが
強すぎたと思います。それは、普段のＡ也の行動に対して私が快く思っていなかっ
たこと、自分の感情と行動がＢ太の表情に反応していることからも理解できます。
そのため、Ａ也の反抗的な言動をとっている意味を理解しようとせず「Ｂ太がどん
な気持ちなのか」ばかり考えて援助をしていました。そのことにより、自分の援助
がＡ也に対してＢ太に謝らせようとする言動に終始していたと思います。

　Ａ也の退行現象に見られる行動は一般的に１年～２年で改善されるといわれます
が、改善を促すには保育所と家庭がＡ也にとって安心できる場になることが必要①
です。そのためには、なるべく保育所に送迎をする父親とＡ也が一緒に荷物整理を
行うよう促すなどの、家族とのかかわりを深めるような援助を行うことや、Ａ也の
甘えを保育者が受け止めることなどの援助②が必要であると考えます。
　私はけんかなどのトラブルの対応で、経験不足のためか慌てて援助してしまう傾
向があり、何も考えずけんかを収束させようとして仲裁しようとしました。しかし、
この事例では保育者の指示によってけんかを見守りました。子ども同士で解決する
ことはできませんでしたが、Ａ也とＢ太の年齢を考えるならば子ども同士の話し合
いで解決したかもしれません。今後は、冷静な状況判断と子どもの特性を考慮して、
子どもがこの場面で学んでほしいこと、身につけてほしいことなどの援助のねらい
を明確にして援助することが必要だと考えます。
　また、私は表面的な行動だけを見て、子どもを理解していたつもりになり、子ど
もの背景や周囲の状況を把握しようとせず固定観念にとらわれて援助してしまう傾
向があります。自分の固定観念にとらわれず、子どもの心情を読み取り、状況を客
観視して援助する必要があると思います。

**目的③：けんかをして
いるＡ也に対して適
切な援助ができたの
か**
　それぞれの自分の援助
についてよかったのか、
よくなかったのか評価す
る。自分の援助に対して
の意味を傍線①④⑥のよ
うに、子どもの言動と自
分の言動と感情の事実を
波線②③⑤のように論拠
として分析し、記述して
いくとよい。

今後の課題と行動計画
　自分の今後の課題を傍
線①のように、どのよう
に実践していくかの行動
計画を波線②のようにま
とめて記述する。

85

4．事例の振り返りを共有する

　今度は、振り返った事例について学生同士でグループワークをしましょう。振り返りのプロセスを発表し（もしくは読み合い）、振り返りの結果を他者と共有することで、事例の援助に対する他者の意見や保育についての考え方を聞くことができます。そのような意見や考え方を受け入れることによって、事例での援助、子どもの行動、自分自身の考えなどに新たな発見があると思います。その新たな発見が、事例での保育実践への理解を深め、今後の保育実践へのより効果的な改善ができ、自身の保育者としての価値を高めることにつながるでしょう。

演習課題 1　シートを記入し自己覚知してみよう。　　　　個人からグループ

✎ **STEP**　「子どもとのかかわり」の場面において、下記の「自分自身への気づきシート」を記入し自己覚知してみよう。

	強み	弱み
自覚している		
他人からの指摘		
あらたな気づき		

演習課題 2　　実習記録から保育者の意図を読み取ってみよう。　　個人からグループ

　実習記録に記載している保育者の援助の意図を STEP ①〜④にしたがって考察し、その結果を話し合ってみよう。保育者の援助で「印象に残った」「参考になった」場面などを取り上げてみよう。

✎ **STEP ①**　事例を記述してみよう。

>

✎ **STEP ②**　振り返りの目的を明確にしてみよう。

✎ **STEP ③**　保育者の援助を評価し、保育者の援助と子どもの言動について分析しよう。

✎ **STEP ④**　分析し、考察した結果をグループで話し合ってみよう。

演習課題 3　　自分の保育を振り返ってみよう。　　個人からグループ

　p.82 〜 85 で取り上げた「事例を用いた振り返りの実例」に基づいて、自分自身の保育実践について振り返ってみよう。特に「困った」「気になった」場面などを取り上げるとよいだろう。振り返りのプロセスを踏まえた STEP ①〜⑥の手順で行おう。

✎ **STEP ①**　事例を記述してみよう。

>

✎ **STEP ②**　振り返りの目的を明確にしてみよう。

✎ **STEP ③**　そのときの自分の感情を記述してみよう。

✎ **STEP ④**　自分の援助を評価し、自分の援助と子どもの行動について分析してみよう。

✎ **STEP ⑤**　今後の課題の明確化と今後の行動を計画してみよう。

✎ **STEP ⑥**　まとめた振り返りについてグループで話し合ってみよう。

この章の学習をおえて ────● この章で学んだことをまとめてみよう

（記入欄）

第7章 問題解決の案内

　　振り返りは一度だけでは終結しません。何度も「最善の援助はどうすればよいのだろう」と考え、その保育実践の意味や価値を見出し改善することが必要です。また、保育中の出来事を論拠に分析するだけではなく、保育に関する知識に基づいて分析をすることも必要です。

『専門家の知恵―反省的実践家は行為しながら考える』

D. ショーン、佐藤学・秋田喜代美訳、ゆみる出版、2001

　　D. ショーンの提唱する専門家像「反省的実践家」の概念を原理的考察、専門職の事例研究によって検証した書籍。「行為の中の省察」に基づく対処が専門家としての本質であると提言し、行為の後で省察するだけでなく、行為の中で省察することの重要性を説いた。

『保育の体験と思索―子どもの世界の探求』津守真、大日本図書、1985

　　幼稚園の3歳〜5歳の子どもの事例をもとに、子どもの遊びを生み出す保育行為、幼児期に獲得される人間の基本的経験、他人との共存過程などの意味を省察した書籍である。

『子どもを中心に保育の実践を考える

　　―保育所保育指針に基づく保育の質向上に向けた実践事例集』厚生労働省、2019

　　保育所において、保育所保育指針に基づき、子どもを中心とした保育実践の観点からこれまでの保育を振り返り、保育の質の向上に向けた取り組みを紹介した事例集である。

第8章

保護者および
地域との関係づくり

この章のねらい

　みなさんが、保育者になるにあたって不安なことはどのようなことがあるでしょ
うか。子どもとのかかわりよりも、同僚とうまくやっていけるか、保護者とうまく
やっていけるかなどの、人とのかかわりをあげる学生がたくさんいます。

　特に保護者に対する心配事は、モンスターペアレントやクレーマーという言葉を
頻繁に聞くため、恐れているのでしょう。

　しかし、保護者は決して敵ではありません。子どもをともに育てていくパートナー
です。したがって、上から教え導く対象でもなければ、保護者からの要求に応じて
いわれるがままにサービスを提供すべき対象でもありません。保護者と、また地域
と、関係機関とどのような関係を築きながら保育をしていくべきか、この章ではそ
れぞれについて考えていきたいと思います。

1 協働とは何か

　「協働」という言葉の意味は、大辞林（第三版）によると、「①同じ目的のために、協力して働くこと。②「相互作用①」に同じ」とされています。

　保育者が、同じ目的をもって、協力して働く、といったとき、どのような相手を思い浮かべますか。子どもの最善の利益を願い、子どもによりよく育ってほしいと願い、お互いに協力をする相手としてまず思い浮かぶのは保護者ではないでしょうか。

　保護者とは、ともに子どもの育ちを支える同志であると考えるべきです。その上で、ときには専門性をもって必要なことをていねいに伝えながら理解を得ることが大切です。

　また、保育者と保護者だけで子どもを育てるのではなく、子どもと保護者が生活をし、幼稚園・保育所がある地域（地域社会）も、ともに子どもを育てる、と考えるべきです。そのとき、狭い範囲の近隣に、園の思いを伝え理解してもらうと考えるのではなく、地域の声も大切にしながら、地域とともに子どもを育てていく、という感覚をもつことは大切なことでしょう。

　専門機関との連携においても同様です。保育者としての専門性に基づく見方を伝えつつ、専門機関での取り組みを知り、子どものために必要な協力を両者でともに行うことが大前提だといえるのです。

　つまり、保育の場における「協働」とは、それぞれの役割とその責任の範囲をきちんと熟知した上で、協力して働くことが基本である、と考えるべきです。

　保護者と協働する、地域と協働する、専門機関と協働する、とはどのようなことなのか具体的に考えていきましょう。

1．保護者との協働とその実際

　保護者と協働する関係になるためにはどのような配慮が必要でしょうか。

　保護者との関係は上下関係でもなければ、主従関係でもありません。そして、友達関係とも異なります。子どものために必要なことはきちんと伝え合うことが必要ですが、そこには保育者としてさまざまな配慮も必要となります。次のような事例について考えてみましょう。

事例 ① 子どもの噛みつきについて（1歳児・10月）

　A香（1歳児）は遊びに対するイメージがしっかりしているため、○○を使いたい、という思いをしっかりもっている。そのため、ときには友達とのトラブルになりやすく、思いを"噛む"という行為で表現することもたびたび見られる。

　A香の母親が以下のタイプの場合、伝え方はどう変わるか考えてみましょう。

① ほかの母親との関係が良好で、子どもの姿をきちんと受け止めている場合

② 母親自身が精神的な病を抱えていて、子どもの姿に対し、神経質になっている時期
　である場合

　園の基本方針が「噛みついた子どもの保護者にも、"噛んだ"という状況はそのときの子どもの気持ちとともにきちんと伝えましょう」となっていたとしても、同じ伝え方はしないということは容易に想像できるでしょう。同じ伝え方をするかどうかが大事ではないからです。①のケースでは、母親に状況を伝え、ともにA香の気持ちを受け止めつつ、"噛む"行為をほかの行為に変えていけるように相談し、様子を見ていくことが可能だと思われます。②のケースでは、状況を伝えることによって母親が"噛む"という行為を気にし過ぎてしまい、A香の思いが置き去りにされてしまうことが危惧されます。そのため、あえて今は伝えず、母親の体調やA香の様子を見ながら状況を伝える時期を模索することも考えられます。保育者が保護者と協働していく場合、保育者は一人ひとりの保護者とそれぞれに関係を築いた上で、相手の状況を踏まえつつ向き合っていくことになります。そのためには、保育者は自分の発した言葉や文章、表現が一人ひとりの相手にどのように伝わっていくのか、いるのか、ということに敏感になることが必要です。

　また、子どもの姿をていねいに伝えてもなかなか伝わらない場合（こちらの思いが伝わらない場合）は、保育参観・保育参加の機会を設け、ともに状況を共有して話し合っていくことも有効です。

　子どもの最善の利益のために、どのように協働していくか。その方法はさまざまである、ということを頭に置いておきましょう。そして、一人ひとりの保護者と向き合っていく中で、むずかしさを感じたとき（悩んだとき、困ったときなど）、同僚や園長・主任に意見を求め、さまざまな考えにふれながら保育をしていくことが必要です。保育者同士の協働も忘れてはいけません。

2. 地域との協働とその実際

　まだ学生のみなさんにとって、保育者が地域と協働する、というのは実感がもちにくいかもしれません。そこで、具体的な行事を例に考えてみましょう。

　住宅街の中にある幼稚園で、運動会を行う場合、地域住民にどのような配慮が必要でしょうか。まず、運動会の日程は、園が独自で決めてよいのでしょうか。近隣には保育所や小中学校もあります。運動会の練習時や運動会当日のマイクの使用については、園で使うものなので、特別な配慮は必要ないのでしょうか。園の行事なので、日時などは近隣の方に知らせる必要はないのでしょうか。

　運動会は園の行事ではありますが、日程を決めるところから、地域のほかの日程と調整をしながら決めています。近所の小学校等の運動会の日程と調整せずに決められた場合、きょうだいがいる家庭では日程が重なって困ってしまうこともあるでしょう。地域のお祭

りなどと重なっても困ります。地域の催しなど、さまざまな日程と調整をしながら園の日程も決まっていきます。運動会のみならず、入園式、卒園式なども同様です。

　また、園庭でマイクを使用する場合、近隣への配慮は欠かせません。園が生活の場であることと同様、近隣でもそれぞれの生活が営まれています。日中、突然マイクを通して大きな音が流れるのではなく、マイクを使用する時期や時間などを事前に近隣の方に伝えるなどし、理解を得る努力をしています。中には、子どもたちのにぎやかな声、練習の様子などを見聞きして、園行事を楽しみにしている地域の方もいるでしょう。地域ぐるみの運動会を行う園もあるようです。次にお泊まり保育を例に考えてみましょう。

事例 ②　お泊まり保育への配慮

- B園は15年以上に渡り、夏に園でお泊まり保育を実施しています。毎年、恒例行事として、キャンプファイアと打ち上げ花火をしていて、子どもたちの心に残る一日となっています。
- C園は3年前に開園したばかりの園です。はじめてお泊まり保育を実施することとなり、子どもたちが近隣のスーパーに買い物に行き、自分たちでカレーをつくって食べる、という経験ができました。その後、園舎内でお化け屋敷ごっこをして楽しみました。

　B園、C園のお泊まり保育の内容は違いますが、それぞれの園で、事前に地域の方にさまざまなアプローチをしていると思われます。先にあげた運動会同様、花火の音や、キャンプファイアの煙等についての事前周知がないと、近隣の方が不安や不快な思いをされることもあるでしょう。しかし、事前に理解を求め、お知らせしておくことによって、近隣の方も花火を楽しむことができると思われます。スーパーへの買い出しも、子どもたちが集団で買い物に来ることに対しての対応をお願いしておくこと、マナーをしっかり教えてから行くようにすることなど、園が地域の方に配慮し、ともに子どもの姿を見守り、ともに育てる、という意識がもてる地域社会になるように努めることも大切です。

column　地域と協働し保護者支援を行う──園庭開放を例に

　保育所は、私たちが暮らしている地域社会の中で、もっとも身近に存在する児童福祉施設であるといえるでしょう。そこで有する専門性を積極的に地域に還元していくために、さまざまな子育て支援事業を行っています。その際、こちらの専門性の押し売りにならないよう、地域のニーズを把握し、そのニーズにこたえられるよう、協働していくことが必要となります。ニーズを察知し、一人ひとりの保護者が主体となって子育てを楽しめるように支えることも大切な役割になるのです。

　園庭開放もその一つです。園庭開放はただ、"園を開いている"だけではありません。保育者が来ている親子に声をかけたり、ときには保護者の相談に乗るなどしています。このようなさりげないかかわりも地域の子育て支援の一つです。たとえば、人見知りのため、ほかの親子と打ち解けられない親子に、保育者がさりげなく声をかけることで、徐々に世間話などができるようになり、悩みを打ち明けられるようになることもあります。また、在園児の園生活を見て、園生活がイメージしやすくなり、園に子どもを預け仕事復帰することへの後ろめたさを感じなくなる保護者もいるかもしれません。園庭開放は、地域の親子をさまざまな角度から支えているとともに、地域の親子に園を知ってもらうよい機会になっているのです。

3．関係機関との協働とその実際

　保育者は日常的に保護者や地域の方々と協力・連携をしながら保育をしていきます。そして、必要に応じて専門機関と協力・連携をしながら保育をする場合もあります。

事例 ③　自閉的傾向のある F 代への対応（3歳児）

　保育所で3歳児クラスのときまでは診断名がついていなかったが、保育者がさまざまな配慮をしながら保育をしてきた F 代。

　3歳児クラスの運動会終了後、保護者から子どもの様子で相談がしたいという申し出があり、園長と担任、両親で面談を行い、地域の児童発達支援センター（以下、センター）を保育者が紹介した。その後、センターで発達検査を行った結果、広汎性発達障害（診断時）という診断名がついたが、発達検査の結果が出るまでの間も、センターのスタッフが園での様子を見るため来園し、状況に合うアドバイスを具体的にしてくれた。その一つが、パニックになってしまった場合、自分でクールダウンができる場所があるとよい、というアドバイスであり、保育者同士で話し合いをした。その結果、電気屋さんに行き、冷蔵庫用の大きな空き段ボールをもらってきて、保育室の隅に置くことで、F 代が興奮したとき、部屋から飛び出していくのではなく、部屋の中の一角でクールダウンをし、他児の様子を見ながら自分のタイミングで戻ってくることができるようになった。

　また、のちに診断名がつき、個別指導の時期を経て、集団指導に通うようになるが、保護者の了解を得て、センターでの個別指導計画を保育所にも送ってもらい、園でも療育の中で大切にしていることを把握しながら、保育の中で生かせることは生かすよう工夫を行った。また、センターに園長・担任・非常勤保育者が赴き、指導を見学し、その指導内容や保護者に対する助言内容の意図などを聞く機会ももった。

　そのため、就学に関する保護者の不安に対しては、センターの職員と保育所の職員（主に園長）が連絡を取り合いながら保護者の不安の軽減に努めた。センター長や指導員、園長や保育者が密に連絡を取り合いながら子どもの育ちと保護者の思いを支えたケースであった。

　地域の児童発達支援センターでは、言語・理解の促進、運動機能や日常生活動作の発達を支援する専門スタッフがおり、グループ活動や個別活動を通して子どもの育ちを支える役割を果たしています。

　事例③は、子ども（F代）を真ん中におき、周辺の大人たちが専門性を生かしながらF代の育ちを支えたケースだといえます。保育上困ったことに対し、センターのスタッフの助言を受ける、という指導を受けるだけの関係ではなく、センターのスタッフが、園での様子を見せてほしいと来園したり、親子の様子を教えてほしいという電話連絡を受け、ともに情報を共有しながら、卒園まで支えていったケースです。保育者が、専門性に基づいてさまざまな配慮をしつつ保育を行い、保護者から相談があったタイミングで園での様子を適切に伝えながら専門機関につなげる——専門機関に親子がつながったあとは、保護者を介して専門機関ともつながり、協力・連携をとっていく——このことは、特別な配慮が必要な子どもの育ちを支えていく上で、とても大切なことだといえるでしょう。

事例④ 児童相談所に一時保護されたＧ子への対応（２歳児）

　児童相談所に一時保護されたＧ子は、家庭で育てられている２歳児であり、母子家庭である。母親は就労しておらず、生活も不規則。近隣の人からの通報で一時保護に至ったケースである。一時保護から親元に帰す際、母子自立支援施設に住みながら生活を安定させること、毎日保育所にきちんと通わせること、という条件が出され、新しく入園が決まった。しかし、朝、一定の時間に登園することが徐々に減り、体の傷も頻繁に見られたため、園では登園時間の記録、傷の記録（写真）を取りながら、児童相談所・自治体と連絡を取り合い、Ｇ子の育ちを支えた。

　４歳児クラスになったころ、Ｇ子がまったく登園しない日が続くようになり、母親と２か月も連絡が取れないままとなってしまった段階で、保育所としてＧ子に対し責任がもてない、この生活がＧ子にとって好ましいとは思えない、という園としての思いを要保護児童対策地域協議会（子どもを守る地域ネットワーク：虐待を受けた子どもや要保護児童の早期発見や保護を図るため、情報共有や援助のための連携を目的としたネットワーク）の中で伝えた。間もなく、園の意見なども踏まえた形で、最終的に、Ｇ子は児童養護施設へ入所することになる。保育者は、Ｇ子に会えなくなることに対し、さびしいと感じながらも、これからは施設で落ち着いた生活を送っていけるのではないか、と安堵の気持ちも語っていた。

　事例④は、子ども（Ｇ子）を真ん中に置き、周辺の大人たちがネットワークをつくり一緒に育ちを見守ったケースといえます。遊びの中でさまざまな経験をし、楽しい時間を過ごすこと、温かい眼差しの中で安心して過ごすこと、きちんと食事をすること、生活習慣を身につけることなど、園生活の中だからこそＧ子が経験できたことはたくさんあったでしょう。しかし、保育所だけでＧ子と母親の生活を支えることは容易なことではありません。園としてできること、保育者としてできることをきちんと自覚しながら、必要な専門機関と協力・連携をしていくことが、子どものために必要となってきます。さまざまな関係機関と連携をとりながら協力をし、子どもを育てていく、ということを念頭に置いておきましょう。

column 園と関係機関との連携の一例

　Ｔ太は言葉の出はじめた時期が遅く、保護者もそのことは気にはしていたものの、言葉は徐々に増えるものだと言葉の少なさや不明瞭さはあまり気にしていませんでした。しかし、保育者の間では、言葉の不明瞭さが気になっており、どのように保護者に伝えるべきか悩み、他児の姿も見てもらうため、保護者を保育参観に誘うことにしました。当日は、子どもたちが週末の出来事を全員に向けて話す場面を見てもらう計画を立てました。言葉の不明瞭さは幼いからだと思っていた保護者も、ほかの子たちとの違いに気づき、今後どうすべきかを保育者に相談してくれました。そこで、地域の児童発達支援センター（以下、センター）を紹介したところ、園から電話を入れてほしいとのことでした。保護者は言葉についてあまりに無自覚だったため、センターでわが子のことをきちんと伝える自信がないので、保育者にも同行してほしいとのことです。そこで、保育者は園で気になって書き溜めていた記録をもとに、Ｔ太の姿を保護者と一緒にセンターへ伝えました。Ｔ太は検査を受けた後、センターのＳＴ（言語聴覚士）の指導を定期的に受けることになりました。保護者の希望もあり、園とセンターで連絡を取り合い、それぞれの場での課題を共通認識してＴ太を支援していきました。

　園と関係機関との連携において、この事例の場合も、園側はセンターの個別指導の内容を取り入れることだけがＴ太のためにできるすべてではなく、指導の内容を知り、そのねらいなどを理解した上で保育していくことが大切になります。また、センター側も、園での子どもの姿を理解しながら、その子にとっての必要な個別の指導計画を立てることが重要です。このように、子どもを中心においた連携を園と関係機関で行っていきたいものです。

2　力量や専門性を自覚すること

1．保育者同士助け合い、努力し続けること

　先に述べたように、保育者はさまざまな人や地域、関係機関とつながりながら保育をしていくことになります。そのとき、園としてできること、保育者としてできることを冷静に見極めることが必要です。己の力量や専門性を自覚することで、足りないものを補うためにどうすべきかをきちんと見極め、まわりと協力・連携を図っていくことができるでしょう。過信せずに、「助け合うこと」、また、「努力し続けること」、これが、他者と関係をつくっていく上で必要なことだと思います。

　たった一人の専門職になるわけではありません。専門職である保育者集団の一員になるわけですので、一人でがんばらなければならないと、肩ひじをはる必要はありません。今の自分にできること、できないことをきちんと見極め、必要に応じては助けを求めることも大切です。

2．自分の課題や現状を伝え、協力し合える関係へ

　一人の子どもとのかかわり方で参ってしまった保育者が、職員会議でその心情を吐露したところ、園の先生方が全員、それぞれのかかわり方でその子にかかわってみようと提案してくれ、次回の職員会議でその子のことを話し合ったという話を聞いたことがあります。自分を開くことでまわりとつながっていったケースだといえるでしょう。保育者同士の場合、自分の課題をさらけ出すことでともに考え、ともに解決をしていく第一歩になることもあります。保護者に対しても、地域に対しても、関係機関に対しても、自分の課題や現状をありのままさらけ出した上で助けてもらうことが必要な場合もあるでしょう。

　専門性を意識し、まわりと対等な関係を築いていくことの大切さを自覚するとともに、自分の至らなさを自覚し、助けてもらえる関係、助け合える関係も大切にできる保育者になってほしいと思います。

演習課題 1　保護者への対応について考えてみよう。　　　　　　　　　　　　　　　　　　　`個人からグループ`

✏ **STEP ①**　下記のケースで、保護者や子どもの状況を想像し、保育者として保護者にどのように対応したらよいか、自分なりに考えてみよう。

> ＜保護者からの相談内容とその背景＞幼稚園　3歳児　5月　在園児S美の母親から担任保育者へ
> 相談の背景：3歳児クラスから入園したS美は活発で元気な女児である。4月の入園当初も保護者と離れたりしても泣くことなどもほとんどなく、園生活を楽しんでいた。GWの連休明けから、急にS美が登園したくないとぐずり、母親に訴え、園を休んでいる。
> 母親からの相談内容：入園当初、S美が園生活になじむことができるか不安でしたが、入園直後も「幼稚園は楽しい」と幼稚園に行くことも毎日楽しみにしていて、安心していました。GWは家族の時間を大切にしようと、S美とずっと一緒に過ごしていたのですが、連休明け急に幼稚園に行きたくないと泣き出し困っています。どうしたらよいでしょうか？

登園を嫌がるS美の気持ちを考えてみよう	母親の相談に対しての対応を考えてみよう

✏ **STEP ②**　自分の考えた対応について、友人と保育者役と保護者役になり、実際に会話し、やりとりをしてみよう。

演習課題 2　次の事例について考えてみよう。　　　　　　　　　　　　　　　　　　　　　　　　`個人`

　D園では地域交流として、地域のお年寄りの方々が伝承遊びを子どもたちと一緒にするために園にくる日がある。車椅子のおばあちゃんにあやとりを教えてもらったり、普段は杖をついている近所のおじいちゃんがコマ名人だということを知り、コツを教えてもらう、少し特別な一日のようである。

✏ **STEP ①**　子どもたちとお年寄りにとってどのような一日であったか具体的に考えてみよう。

子どもたちにとって	お年寄りにとって

子どもたちとお年寄り双方にとって

STEP ②　園では、なぜこのような一日を設けるのか、その意図・ねらい（教育的価値）を考えてまとめてみよう。

演習
課題 ③　　**自分が住んでいる地域の保育の関係機関について調べてみよう。** 個人からグループ

STEP ①　自分が住んでいる地域の関係機関はどのようなところがあり、どのような役割を果たしているのか調べてまとめてみよう。

関係機関	役割

STEP ②　STEP ①でまとめた関係機関が幼稚園や保育所、またそれぞれの関係機関同士でどのような連携・協力を行うことができるかまとめ、グループで話し合ってみよう。

この章の学習をおえて ━━━●　この章で学んだことをまとめてみよう

第8章　**問題解決の案内**

　本章では事例をもとに、保護者および地域との関係づくりを考えることをねらいとしました。保護者・地域と関係をつくっていく前に、保育者同士で信頼し合える関係を築き、支え合う関係ができていることが前提となるでしょう。自分の思いを伝えることと、相手の思いに耳を傾けること、心を寄せること、これは他者との関係づくりの基本となるでしょう。日常でも大切にしたいことです。

『発達（166号：特集1　0歳の発達と保育・特集2　地域に開かれた園へ）』

ミネルヴァ書房、2021

　0歳児の育ちを支える大人たちや環境について考えることができる。また、さまざまな実践報告から「地域に開かれる」とは、どのようなことなのかについて、考えさせられる一冊である。

『こどもの傍らに在ることの意味―保育臨床論考』大場幸夫、萌文書林、2007
『保育臨床論特講』大場幸夫講義、萌文書林、2012

　保育者の専門性としての臨床を追求し続けた「保育臨床」の第一人者である大場の子どもと保育者に寄り添う視点を明確にした書籍である。『保育臨床論特講』は『こどもの傍らに在ることの意味』の草稿となる講義を著者の語り口を残し収録した一冊である。

第9章

幼保小の接続

この章のねらい

　施設や学校の種類が変わることや、いつから施設や学校に通いはじめるのか、義務教育が何歳から何歳まで提供されるのかは、すべて大人が決めた事柄です。世界を見渡すと、1歳児の9割以上が保育施設に通っている国や、4歳から義務教育がはじまる国もあります。

　幼稚園や保育所から、義務教育である小学校へ進むにあたり、つくられた制度によって生じる困難を改善したり、少なくし、子どもが乗り越えやすくなるように工夫し、その育ちを支援することが必要です。

　この章では幼保小の相違点、幼保小の接続の在り方、課題、接続期のカリキュラム、接続期の実践の工夫について学びます。

1 幼保小の接続とは何か

1．幼保小の接続の背景

（1）幼児期と児童期の違い

　英語で幼児期は early childhood といい、8歳くらいまでの子どものことを意味します。8歳くらいまでの子どもの特徴は、実際にものをさわったり、人とかかわったり、試したり、ふれあったり、具体的な体験を通じて学ぶ点があげられます。幼児期の子どもは、好奇心、探求心が旺盛で、チャレンジしようという意欲に満ちています。

　9歳くらい以降、子どもは幼児期を離れ、具体的な体験によらずとも、物事を対象化して認識したり、抽象的な概念を理解したりするようになります。自己中心的ではなく、客観的に自分のことをとらえたり、他者のものの見方がたとえ自分と異なったものであっても理解したりするようになります。

（2）幼児教育と小学校教育の違い

　子どもの発達の特徴の違いから、幼児期に適した教育と児童期に適した教育は異なります。よって、「違い」は必要であるものともいえます。

　幼稚園や保育所で実施されている、幼児期の発達に適した保育とは「遊びを通した総合的な教育」です。園では、子どもの主体性が尊重され、遊びや生活という体験が中心であり、環境を通じた教育がなされています。幼児は、保育のねらいを対象化したり、自覚して学ぶのではなく、「おもしろそう（好奇心）」、「なぜだろう（探求心）」、「やってみたいな、できたらいいな（憧れ）」との思いで、体験を積み重ねている間に、知らないうちに知識を身につけていたり、できるようになっていたりしています。幼児教育の現場では、子どもが「今日は遊びながら新しい語彙を10個増やすぞ」と意識して、達成目標を自覚してから遊びはじめる場合は少ないのです。

　一方、小学校以降の教育で児童は、自覚的に学びます。小学校の授業では、授業の導入時に教師が「めあて」を提示することが多いです。この45分の授業でどんな知識や技術を身につけ、情意を育むかを児童と教師が共有します。授業では、クラスの全員が一斉に、同じ時間に、同じ内容を、同じ教材（教科書）を使って学んだりします。小学校学習指導要領には、たとえば小学校1年生では、平仮名、カタカナ、漢字80個というように学ぶ内容が明示されています。施設や学校種によらず、幼児教育と小学校教育の違いをお互いが知り、それを踏まえて、子どもの発達と学びの連続性の在り方を検討する必要があります。

２．幼保小の接続の実際と課題

（1）小１プロブレム

　幼稚園や保育所における幼児教育と、小学校教育の違いをあげてみましょう。小学校では「授業」といいますが、園ではいいません。保育の「実践」、園での「実践」といいます。

　小学校では、チャイムなど厳密な時間の区切りがあり、授業時間と休憩時間がはっきりと分かれています。たとえば、つり下げる手ふきタオルから個々がもつハンカチとティッシュに変わったり、個々の子どもが筆箱をもち自分で管理するようになります。一クラスの人数も多くなります。教科書を使います。宿題も出ます。テストもあります。

　一方で、園ではたくさんの動植物を育てていたのにもかかわらず、小学校ではその種類が減る場合が多いです。絵本や本の読み聞かせは、数量ともに減少します。園では、自分の興味があること、不思議だなあと思うこと、できるようになりたいことを自分で選んで体験していました。自分の知りたいことを自分で図鑑を調べたり、保育者に聞いたりして、知ることができていたのです。しかし、小学校では、たとえ全部の平仮名が書けても、みんなと一緒に書き順から習わなければなりません。積み木が大好きで図や形の名称もすでに知っているのに、授業では、黙って知っている内容についての説明を聞かなければなりません。

　こういった、一方でギャップが大きいために、他方で後退ともいえる退屈な状況におかれるために、園生活と小学校生活の急激な変化に対応できない子どもの姿が見られたりします。小学校に入学したばかりの児童が、授業中に座っていることができず、集団行動がとれない状況は「小１プロブレム」といわれます。すでに指摘されてから20年以上になります。小学校生活の見通しを幼児期に十分もてるような保育の工夫や、幼児期の経験をふまえた小学校教育の工夫が必要です。

（2）幼保小連携の実際

　文部科学省が2021（令和3）年に実施した調査によると「小学校との連携状況」は幼稚園では、74.2%（公立91.8%、私立65.4%）、幼保連携型認定こども園では、79.4%（公立89.6%、私立77.6%）と多くの園で小学校との連携が行われています。具体的な取り組みの内容を見ると、「園児と小学校の児童との交流活動」においては、幼稚園では42.8%（公立55.7%、私立33.7%）、幼保連携型認定こども園では39.1%（公立53.8%、私立36.1%）と４割程度となっており、まだ

幼保小連携のステップ

ステップ1　人的交流
　①子ども同士の交流
　②教師・保育者間の交流

ステップ2　情報の共有
　①特別支援、特別な支援の必要性（発達、家庭など）
　②園レベル・園の子どもそれぞれの学びの軌跡

ステップ3　内容・方法の連続性
　①学びの軌跡を生かして教育を構想する
　②学びを見通して保育活動を構想する

図表9-1　幼保小連携のステップ
（筆者作成）

半数以上の園で小学校児童との交流が実施されていないのも事実です（「令和3年度　幼児教育実態調査」文部科学省初等中等教育局幼児教育課）。

　接続期カリキュラムの策定を検討したり、策定に着手したりしはじめた地域も、増えてきているようです。連携の実際は図表9-1のように3つのステップで整理することができます。

（3）幼保小連携の前提

　世界に目を向けると、小学校入学前の1年を無償の教育としてなだらかな接続を図る接続期学級（transition class）を設置し、円滑な移行を図るためのプログラムを実施している国が増えてきました。たとえばブルガリア、エストニア、ラトビア、ポーランドでは義務教育として接続期学級が設けられています。フィンランド、リトアニア、スウェーデンなどでは義務教育ではありませんが実際多数の子どもが、接続期学級に通っています。

　幼保小の連携を進めるその背景には、最近の脳科学や心理学の研究成果があります。乳幼児の有能性が明らかにされ、その教育の機会均等を図ることが教育格差の是正のためにも必要と認識されています。

　子どもの教育の鍵を握るのは、保育者・教師であり、その重要性は、対象とする子どもの年齢にかかわらないことが昨今ますます認識されつつあります。つまり、保育者の重要性は、より年齢の高い子どもを教育する小学校教諭などや、ほかの年齢層の方を対象とする福祉専門職と比較しても、劣らないことが認識されつつあります。

　幼児と児童の発達の違いに応じて、その実践の内容と方法が異なるとしても、保育者と小学校教諭がともに地域の次世代育成を担う専門職であるという同僚性意識をもつことが、連携の大前提となります。子どもの発達についての知識を基盤とし、それに適した保育や教育を実践すること、子どもの育ちや学びの軌跡を踏まえ、かつその後の見通しをもつことが、保育者にも小学校教諭にも同様に求められます。

column　**脳科学などの研究から接続期教育を考える**

　乳幼児期の教育の重要性は、脳科学、心理学、労働経済学の研究成果から指摘され、実際に幼保小教育の連携をすすめたり、幼児教育の無償化をすすめたりする国が増えてきています。1〜3歳の記憶や感情はふだんは忘れてしまっていますが、脳の中に残っており、きっかけがあるとわき上がるといわれています。5歳までの情動の基盤の育ちが大切で、小学校入学までの教育が小学校以降の学びの意欲につながるといわれています。

　前頭連合野や大脳辺縁系の機能についての研究成果から、8歳くらいまでのこれらの発達が後の教育の意欲、計画性、問題解決能力の育ちにも影響を与えることが予測されています。実際に、すぐれた幼児教育を受けたかどうかが、後の犯罪率や所得の高低に影響を与えているといった研究成果がアメリカ、イギリス、ニュージーランドなどで得られています。その結果、世界では幼児教育の無償化や、独自な教育の尊重と小学校教育とのなだらかな接続期教育の開発などが進められています。

2 幼保小の接続期カリキュラム

1．カリキュラムに見られる幼保小の接続

（1）幼稚園教育要領

「幼稚園教育要領」では、小学校との連携について以下のように記載されています。

> **第1章　総則　第3　教育課程の役割と編成等**
> 5　小学校教育との接続に当たっての留意事項
> (1) 幼稚園においては、幼稚園教育が、小学校以降の生活や学習の基盤の育成につながることに配慮し、幼児期にふさわしい生活を通して、創造的な思考や主体的な生活態度などの基礎を培うようにするものとする。
> (2) 幼稚園教育において育まれた資質・能力を踏まえ、小学校教育が円滑に行われるよう、小学校の教師との意見交換や合同の研究の機会などを設け、「幼児期の終わりまでに育ってほしい姿」を共有するなど連携を図り、幼稚園教育と小学校教育との円滑な接続を図るよう努めるものとする。
> （文部科学省「幼稚園教育要領」2017）

『幼稚園教育要領解説』では、「小学校教育の先取りをすることではなく、就学前までの幼児期にふさわしい教育を行うことが最も肝心なことである」[1] と、小学校以降の教育の基盤となることを指摘しています。「小学校学習指導要領」では、園での子どもの育ちや学びの姿を踏まえて，小学校教育を構想せねばならないことが明記されました。加えて、小学校の低学年のすべての教科と特別活動のそれぞれ「指導計画の作成の内容の取扱い」の部分で「幼児期の終わりまでに育ってほしい姿」との関連を考慮し、指導計画を作成することが示されています。

（2）保育所保育指針

「保育所保育指針」では、小学校との連携について以下のように記載されています。

> **第2章　保育の内容　4　保育の実施に関して留意すべき事項**
> (2) 小学校との連携
> ア　保育所においては、保育所保育が、小学校以降の生活や学習の基盤の育成につながることに配慮し、幼児期にふさわしい生活を通じて、創造的な思考や主体的な生活態度などの基礎を培うようにすること。
> イ　保育所保育において育まれた資質・能力を踏まえ、小学校教育が円滑に行われるよう、小学校教師との意見交換や合同の研究の機会などを設け、第1章の4の（2）に示す「幼児期の終わりまでに育って欲しい姿」を共有するなど連携を図り、保育所保育と小学校教育との円滑な接続を図るよう努めること。
> ウ　子どもに関する情報共有に関して、保育所に入所している子どもの就学に際し、市町村の支援の下に、子どもの育ちを支えるための資料が保育所から小学校へ送付されるようにすること。
> （厚生労働省「保育所保育指針」2017）

『保育所保育指針解説』[2] では、①保育所から小学校への移行を円滑にする、②保育所保育の内容と小学校教育の内容、互いの指導方法の違いや共通点について理解を深める、③子どもの育ちを支える資料の送付、について言及されています。

　①については、幼児期にふさわしい遊びや生活における体験を大切にすることがあげられており、『幼稚園教育要領解説』と同様に、「小学校教育の先取りをすることではなく、就学前までの幼児期にふさわしい保育を行うことが最も肝心なことである」[3] と記されています。英語では、小学校で習う内容を幼児期に先取りして行う教育カリキュラムのことを「プッシュ・ダウン・カリキュラム」といいます。早期から読み書きや計算、運動のトレーニングを行うといった前倒しや先取りした教育は子どもの発達に適していないことを十分に配慮する必要性があります。②については、小学校への訪問や教員との話し合い、子ども同士の交流など、直接顔が見える関係性づくりが提唱されています。専門職による合同研修や行政などを含めた連絡協議会の設置も重要視されています。③については、日々の記録も保育者の責務とされ、特に、現在個々の子どもの育ちの軌跡を伝える資料として「保育所児童保育要録」の作成と送付が義務づけられていることが明記されています。

（3）小学校学習指導要領

「小学校学習指導要領」では、幼保小接続について以下のように記載されています。

> **（総則）　第2　教育課程の編成　4　学校段階等間の接続**
> (1) 幼児期の終わりまでに育ってほしい姿を踏まえた指導を工夫することにより、幼稚園教育要領等に基づく幼児期の教育を通して育まれた資質・能力を踏まえて教育活動を実施し、児童が主体的に自己を発揮しながら学びに向かうことが可能となるようにすること。
> 　また、低学年における教育全体において、例えば生活科において育成する自立し生活を豊かにしていくための資質・能力が、他教科等の学習においても生かされるようにするなど、教科等間の関連を積極的に図り、幼児期の教育及び中学年以降の教育との円滑な接続が図られるよう工夫すること。特に、小学校入学当初においては、幼児期において自発的な活動としての遊びを通して育まれてきたことが、各教科等における学習に円滑に接続されるよう、生活科を中心に、合科的・関連的な指導や弾力的な時間割の設定など、指導の工夫や指導計画の作成を行うこと。
> **（生活）　第3　指導計画の作成と内容の取扱い**
> 1 (4) 他教科等との関連を積極的に図り、指導の効果を高め、低学年における教育全体の充実を図り、中学年以降の教育へ円滑に接続できるようにするとともに、幼稚園教育要領等に示す幼児期の終わりまでに育ってほしい姿との関連を考慮すること。特に、小学校入学当初においては、幼児期における遊びを通した総合的な学びから他教科等における学習に円滑に移行し、主体的に自己を発揮しながら、より自覚的な学びに向かうことが可能となるようにすること。その際、生活科を中心とした合科的・関連的な指導や、弾力的な時間割の設定を行うなどの工夫をすること。
> **（国語）　第3　指導計画の作成と内容の取扱い**
> 1 (7) 低学年においては、第1章総則の第2の4の (1) を踏まえ、他教科等との関連を積極的に図り、指導の効果を高めるようにするとともに、幼稚園教育要領等に示す幼児期の終わりまでに育ってほしい姿との関連を考慮すること。特に、小学校入学当初において

は、生活科を中心とした合科的・関連的な指導や、弾力的な時間割の設定を行うなどの工夫をすること。

（音楽）　第3　指導計画の作成と内容の取扱い
1 （6）低学年においては、第1章総則の第2の4の（1）を踏まえ、他教科等との関連を積極的に図り、指導の効果を高めるようにするとともに、幼稚園教育要領等に示す幼児期の終わりまでに育ってほしい姿との関連を考慮すること。特に、小学校入学当初においては、生活科を中心とした合科的・関連的な指導や、弾力的な時間割の設定を行うなどの工夫をすること。

（図画工作）　第3　指導計画の作成と内容の取扱い
1 （7）低学年においては、第1章総則の第2の4の（1）を踏まえ、他教科等との関連を積極的に図り、指導の効果を高めるようにするとともに、幼稚園教育要領等に示す幼児期の終わりまでに育ってほしい姿との関連を考慮すること。特に、小学校入学当初においては、生活科を中心とした合科的・関連的な指導や、弾力的な時間割の設定を行うなどの工夫をすること。

（文部科学省「小学校学習指導要領」2017、傍線筆者）

　以上のように、小学校においても接続を円滑にすることが求められていることがわかります。特に低学年では、発達的な特徴からも具体的な体験を重視した教育の工夫がなされています。「幼稚園教育要領」「保育所保育指針」「小学校学習指導要領」において重視されている幼保小の円滑な接続を目指して、先駆的な地域では、教育課程や全体的な計画の編成や指導方法の工夫などが進められています。

2. アプローチ・カリキュラムとスタート・カリキュラム

（1）アプローチ・カリキュラム

　アプローチ・カリキュラムとは、幼保小の円滑な接続を目指した小学校就学前の時期のカリキュラムを指します。幼児期に「幼稚園教育要領」、「保育所保育指針」が示すねらいを達成し、幼児期に育てたい力を十分に育み、小学校以降の教育の土台となる、幼児期に適した教育の充実を図るためのカリキュラムを指します。小学校教育への単なる準備や、先取りのカリキュラムではありません。同じ目標をイメージし協同的に学ぶ機会を設けたり、小学校教育の実際を学校訪問で見知ったりといった取り組みがアプローチ・カリキュラムではなされています。

（2）スタート・カリキュラム

　スタート・カリキュラムとは、幼保小の円滑な接続を目指した小学校就学後の時期のカリキュラムを指します。スタート・カリキュラムは、幼稚園、保育所、小学校が相互に連携協力しながら、連続性・一貫性のある教育を推進するために、子どもの実態やこれまでの経験など、学びの軌跡への理解を深め、幼児期の生活や経験による成果を生かして編成されるものです。入学当初は教科ごとの授業のみならず、合科的な活動を取り入れます。たとえば、生活科において学校探検の授業が行われたとします。その授業で発見した事柄を、国語科や図画工作科のねらいを踏まえつつ、表現する活動時間を設けます。

3 幼保小の接続の工夫

1．接続の体制づくり

（1）地域でつながる——連絡協議会などの体制づくり

　先にも述べたとおり、子どもの教育は、その年齢にかかわらず重要であることが各種研究によって明らかにされています。接続の具現化には、それぞれの地域で、学校や施設を管轄する行政機関が、部局の壁を越えて、組織的に取り組んでいくことが望まれます。園長・校長の連絡協議会を組織し、意見交換など交流を行い、接続を見通した教育課程や全体的な計画の編成を目指していく、地域をあげた体制づくりが必要です。

（2）同僚性意識をもつ——研修体制づくり

　保育者や小学校教諭の間が顔見知りとなり、ともに地域の子どもを育てる、人と接する専門職であるという同僚意識をもつことが大切です。気になることやぜひアドバイスしたいことなどを気楽に伝え合える関係性づくり、ホットラインづくりが望まれます。

　他校種の要領や指針をお互いに読み合う、合同での研修会を企画する、保育や授業の公開などを積極的に行う、さらには交流実践などでは一緒に日案を作成するなどといった、研修の体制をつくることによって、同僚性意識が高まります。

2．幼児期の終わりまでに育ってほしい姿——学びの体系化

（1）教育の目標の一貫性

　「教育基本法」に日本の教育の目標がかかげられ、この法に基づいて、日本の教育が実施されています。「教育基本法」では、幼児期の教育が「生涯にわたる人格形成の基礎を培う」ものとして位置づけられています。これに連続するものとして児童期の教育があります。幼児期、児童期そしてその後の教育の大きな目標は、「日本国憲法」や「教育基本法」など、国の定める教育法規に示されており、一貫したものです。保育者には、幼児期の教育を生涯一貫とした教育目標の中で理解し、それを前提に実践にあたる必要があります。

（2）幼児期の学びのプロセスと幼児期の終わりまでに育ってほしい姿

　幼児期の学びは、遊びを起点とし、展開していきます（図表9-2参照）。学びのプロセスを理解し、育ちの軌跡を踏まえて、かつ、学びの見通しをもった接続が望まれます。地域で幼児期に育てたい力について話し合い、それを活字化して発信することも有効です。

　図表9-3に示した幼児期の終わりまでに育ってほしい10の姿は、到達度評価ではなく、遊びや生活の中で、育ちの姿につながる豊かな経験が保障されているのかを振り返る視点

であり、方向目標であるといえます。よって、10の姿は個別に取り出して指導するものではありません。その内容は、これまでの保育5領域のねらいや内容を、小学校における教育に生かす上でわかりやすいように提示したものです。つまり、子どもの育ちや学びの姿をよりわかりやすく小学校に伝えるために役立つ説明言語であるといえ

```
関心をもつ、問いを立てる
 ↳五感で感じる、親しむ、ふれあう、育てる、調べる
   ↳比べる、分類する、整理する
     ↳活動を深める、探究する
       ↳さらに調べる：よく知る
         ↳表現する
           ↳共有する
```

図表 9-2 遊びを起点とした学びのプロセス（筆者作成）

ます。これからの接続期教育としては、アプローチ・カリキュラムの開発ではなく、子どもたちの園での主体的な遊びや生活における、豊かな経験で育まれた子どもの育ちや学びの姿を踏まえた小学校教育、特にスタート・カリキュラムの充実が各小学校で望まれます。

（1）ア　健康な心と体

幼稚園生活（保：保育所の生活、こ：幼保連携型認定こども園における生活）の中で、充実感をもって自分のやりたいことに向かって心と体を十分に働かせ、見通しをもって行動し、自ら健康で安全な生活をつくり出すようになる。

（2）イ　自立心

身近な環境に主体的に関わり様々な活動を楽しむ中で、しなければならないことを自覚し、自分の力で行うために考えたり、工夫したりしながら、諦めずにやり遂げることで達成感を味わい、自信をもって行動するようになる。

（3）ウ　協同性

友達と関わる中で、互いの思いや考えなどを共有し、共通の目的の実現に向けて、考えたり、工夫したり、協力したりし、充実感をもってやり遂げるようになる。

（4）エ　道徳性・規範意識の芽生え

友達と様々な体験を重ねる中で、してよいことや悪いことが分かり、自分の行動を振り返ったり、友達の気持ちに共感したりし、相手の立場に立って行動するようになる。また、きまりを守る必要性が分かり、自分の気持ちを調整し、友達と折り合いを付けながら、きまりをつくったり、守ったりするようになる。

（5）オ　社会生活との関わり

家族を大切にしようとする気持ちをもつとともに、地域の身近な人と触れ合う中で、人との様々な関わり方に気付き、相手の気持ちを考えて関わり、自分が役に立つ喜びを感じ、地域に親しみをもつようになる。また、幼稚園（保：保育所、こ：幼保連携型認定こども園）内外の様々な環境に関わる中で、遊びや生活に必要な情報を取り入れ、情報に基づき判断したり、情報を伝え合ったり、活用したりするなど、情報を役立てながら活動するようになるとともに、公共の施設を大切に利用するなどして、社会とのつながりなどを意識するようになる。

（6）カ　思考力の芽生え

身近な事象に積極的に関わる中で、物の性質や仕組みなどを感じ取ったり、気付いたりし、考えたり、予想したり、工夫したりするなど、多様な関わりを楽しむようになる。また、友達の様々な考えに触れる中で、自分と異なる考えがあることに気付き、自ら判断したり、考え直したりするなど、新しい考えを生み出す喜びを味わいながら、自分の考えをよりよいものにするようになる。

（7）キ　自然との関わり・生命尊重

自然に触れて感動する体験を通して、自然の変化などを感じ取り、好奇心や探究心をもって考え言葉などで表現しながら、身近な事象への関心が高まるとともに、自然への愛情や畏敬の念をもつようになる。また、身近な動植物に心を動かされる中で、生命の不思議さや尊さに気付き、身近な動植物への接し方を考え、命あるものとしていたわり、大切にする気持ちをもって関わるようになる。

（8）ク　数量や図形、標識や文字などへの関心・感覚

遊びや生活の中で、数量や図形、標識や文字などに親しむ体験を重ねたり、標識や文字の役割に気付いたりし、自らの必要感に基づきこれらを活用し、興味や関心、感覚をもつようになる。

（9）ケ　言葉による伝え合い

先生（保：保育士等、こ：保育教諭等）や友達と心を通わせる中で、絵本や物語などに親しみながら、豊かな言葉や表現を身に付け、経験したことや考えたことなどを言葉で伝えたり、相手の話を注意して聞いたりし、言葉による伝え合いを楽しむようになる。

（10）コ　豊かな感性と表現

心を動かす出来事などに触れ感性を働かせる中で、様々な素材の特徴や表現の仕方などに気付き、感じたことや考えたことを自分で表現したり、友達同士で表現する過程を楽しんだりし、表現する喜びを味わい、意欲をもつようになる。

※「幼稚園教育要領」では（1）～（10）、「保育所保育指針」および「幼保連携型認定こども園教育・保育要領」ではア～コで示されており、図表（　）内の「保」は「保育所保育指針」、「こ」は「幼保連携型認定こども園教育・保育要領」での表記を示す。

図表 9-3　「幼稚園教育要領」「保育所保育指針」「幼保連携型認定こども園教育・保育要領」に示される幼児期の終わりまでに育ってほしい姿

3．記録の活用

　幼保小の接続の工夫として、記録の活用があげられます。記録によって園のこれまでの学びの軌跡を伝えることができます。また就学後の教育において、一人ひとりの子どもへの配慮を促すことができます。 記録があれば理解しやすく、見返すことも可能です。

　記録を具体的に活用する工夫としては、園と小学校で、①クラス便り、学年便り、園便りなど地域で実践記録や授業記録を共有すること、②園で読んだ絵本、うたった歌、社会見学等で訪問した場所、育てた植物についての情報を提供したり、小学校１年生で学ぶ内容を共有したりすること、③要録の様式を共同で作成すること、などがあげられます。

演習課題 1　発達の特徴をまとめてみよう。　　　　　　　　　　　　　　　　　（個人）

 STEP ①　幼児期と児童期の下記にあげる事項について、発達の特徴をふまえ、保育者の視点からそれぞれ考えてみよう。

	幼児期	児童期
言葉づかい		
学びの方法		
運動能力		

STEP ②　幼児期と児童期の発達の特徴を踏まえた教育実践方法（指導の仕方、言葉づかい、教材、時間など）についてそれぞれ説明してみよう。

幼児期	児童期

演習課題 **2**　　小学校学習指導要領を読んでみよう。　　個人からグループ

✎ STEP ①　小学校学習指導要領を読み、各教科の内容と園の保育で重なる部分をまとめてみよう。

✎ STEP ②　STEP ①でまとめた内容をグループで話し合ってみよう。

演習課題 **3**　　園便りや小学校の学級通信を集めて比較してみよう。　　個人からグループ

✎ STEP ①　幼稚園、保育所の園便りやクラス便りと小学校の学級通信やクラス便りなどを集めてみよう。

✎ STEP ②　集めた園便りや学級通信を同じ部分や異なる部分はどこか比較検討しまとめてみよう。その結果をグループで話し合ってみよう。

（罫線のみの記入欄）

第9章　問題解決の案内

　本章では、幼稚園や保育所の実践と、小学校の授業の違いを学びました。また、その違いを踏まえ、接続を図る上での工夫について考えました。さらに学びを深めるために以下の文献や資料を読んでみましょう。

『幼児教育のデザイン─保育の生態学』無藤隆、東京大学出版会、2013

　幼児期の発達の特徴と、その特徴を踏まえた教育の在り方をわかりやすく端的に解説した基本文献。保育における遊びとは何か、環境を通じた保育とは何か、集団で学び、協同性が育つということはどういうことなのかを学ぶことができる。接続期教育を考える上で保育者そして小学校教諭の必読書。

「幼保小接続期の教育の質保障の方策に関するワーキンググループ報告書（案）」
「幼保小の架け橋プログラムの実施に向けての手引き（初版）」
「幼保小の架け橋プログラムの実施に向けての手引きの参考資料（初版）」
　　　　文部科学省ホームページ「幼保小の架け橋プログラム」
　　　　　「幼児教育と小学校教育の架け橋特別委員会（第10回）配付資料」2022

　文部科学省では、義務教育開始前後の5歳児から小学校1年生の間に一人一人の子どもが主体的・対話的で深い学びの実現を図り、多様性に配慮した学びや生活の基盤を育むことを目指す「幼保小の架け橋プログラム」を推進している。上記ホームページ資料を確認しておこう。

第10章

園の安全管理

この章のねらい

　保育が日々、その目標やねらいにそって生き生きと進んでいくためには、その基盤に、安全の保障が必要になります。

　この章では、安全を確保して子どもの命を守り、子どもの身体と心を守って、幼稚園・保育所を安心して生活し、学べる場とするために、第一に、安全管理の考え方について、「幼稚園教育要領」と「保育所保育指針」に基づいて考えていきます。第二に、安全管理の内容について詳しく検討します。第三に、園での乳幼児の事故の実態を踏まえて、園の安全管理体制の整備と危機管理の視点について考えます。

1 園の安全管理の考え方

1. 幼稚園教育要領における安全管理

園の安全管理について、「幼稚園教育要領」では、以下のように示しています。

> **第2章　ねらい及び内容　健康　3　内容の取扱い**
> (6) 安全に関する指導に当たっては、情緒の安定を図り、遊びを通して安全についての構え
> を身に付け、危険な場所や事物などが分かり、安全についての理解を深めるようにするこ
> と。また、交通安全の習慣を身に付けるようにするとともに、避難訓練などを通して、災
> 害などの緊急時に適切な行動がとれるようにすること。　　（文部科学省「幼稚園教育要領」2017）

第1にあげてあるのは、情緒の安定です。人が事故を起こしにくくするために、また事
故が起こっても適切に対処できるようにするためには、心が安定していることが必要なの
です。第2には、事故の予防や対処における、子どものいわば身のこなしについて、普段
から遊びを通して機敏に体を動かすことをすすめています。第3に、子どもが危険につい
ての知識を適切に身につけておくことがあげられています。第4に、交通安全にかかわる
行動を習慣として身につけることをすすめた上で、第5に、避難訓練などによって、緊急
時の行動が適切なものとなるよう準備しておくことを促しています。

また、「幼稚園教育要領」では、全体的な計画の作成について、下記のように「学校安
全計画」などと関連させて作成するものと示されています。学校安全計画については、学
校保健安全法第27条「学校安全計画の策定等」に、子どもの安全の確保を図るために、
①施設及び設備の安全点検、②子どもに対する通園を含めた園生活その他の日常生活にお
ける安全に関する指導、③職員の研修や、園における安全に関するその他の事項のそれぞ
れについて、計画を策定し実施しなければならないことが規定されています。

> **第1章　総則　第3　教育課程の役割と編成等　6　全体的な計画の作成**
> 　各幼稚園においては、教育課程を中心に、第3章に示す教育課程に係る教育時間の終了後
> 等に行う教育活動の計画、学校保健計画、学校安全計画などとを関連させ、一体的に教育活
> 動が展開されるよう全体的な計画を作成するものとする。　　（文部科学省「幼稚園教育要領」2017）

2. 保育所保育指針における安全管理

一方、「保育所保育指針」は、保育の内容の基準であるだけでなく、保育所の運営にか
かわるさまざまな事項も記載されており、安全管理に関しても、保育者が行うべきことと
してより詳細に記載されています。

> **第3章　健康及び安全　3　環境及び衛生管理並びに安全管理　(2) 事故防止及び安全対策**
> 　ア　保育中の事故防止のために、子どもの心身の状態等を踏まえつつ、施設内外の安全

点検に努め、安全対策のために全職員の共通理解や体制づくりを図るとともに、家庭や地域の関係機関の協力の下に安全指導を行うこと。
イ　事故防止の取組を行う際には、特に、睡眠中、プール活動・水遊び中、食事中等の場面では重大事故が発生しやすいことを踏まえ、子どもの主体的な活動を大切にしつつ、施設内外の環境の配慮や指導の工夫を行うなど、必要な対策を講じること。
ウ　保育中の事故の発生に備え、施設内外の危険箇所の点検や訓練を実施するとともに、外部からの不審者等の侵入防止のための措置や訓練など不測の事態に備えて必要な対応を行うこと。また、子どもの精神保健面における対応に留意すること。

（厚生労働省「保育所保育指針」2017）

　まず、子どもの心身の状態を踏まえる、つまり一人ひとりの子どもの状態をそのつど理解しておくことが基盤にあるとされています。その上で、安全点検をしっかり実施することが求められています。また一貫した安全対策のために、職員同士が共通理解をもち、体制づくりをすることも求められています（体制づくりについては本章3節、p.118～参照）。家庭と、そして地域の関係機関との連携・協力も欠かせません。つまり、安全対策は、組織として進めていくことが大切だとされているのです。

　また、災害等が起こったときの備えも必要で、「保育所保育指針」では「第3章　健康及び安全」に「4　災害への備え」として、「(1) 施設・設備等の安全確保」「(2) 災害発生時の対応体制及び避難への備え」「(3) 地域の関係機関等との連携」が示されています（災害への備えについては本章2節、p.116～参照）。災害にあうことは確率としては極めて低いかもしれません。しかしひとたび起こってしまうと、子どもはそして保育者自身も生命の危険にさらされます。だからこそ日ごろからいかに準備しているかが問われるのです。危険だと思われる個所をリスト化して点検したり、避難訓練を定期的に、かつ具体的な状況を想定して行ったりすることが大切です。不審者の侵入については、まずそれを未然に防止する設備を整えることが必要で、万一の場合にどう対処するかの訓練も求められます。さらに、子どもの精神面にも配慮したケアができるよう準備しておくことが大切です。

column　避難訓練での具体的な取り組み

　園では、1か月に1回など、定期的に避難訓練をしますが、それは、子どもたちが自分で身を守ることを学習することをねらいとしています。小さな子どもたちを集団で保育している保育施設では、避難の際に保育者が大きな役割を果たすことになりますが、より年長の子どもたちが、自分たちがどうすべきかを知っていて、行動できるということが、避難の効率を高め、安全をより確かなものにします。しかし、避難訓練は単に実施するだけでなく、その設定がかなり重要です。あなたならどういう設定で訓練を行いますか。

　大切なのは、状況が実際的で具体的に想定されているか、ということです。私たちの調査[1]では、「避難誘導の際にわざと子どものうちから行方不明者をつくり、点呼のときに誰がいないのかを把握する」「避難場所が二手に分かれた場合に、双方の間で人数確認をどのように行うかを考える」「訓練があることを一部の職員にしか知らせていない状態で訓練を行い、職員の行動や役割等を確かめる」「所長がいない場合を想定し、指揮系統を考える」「玄関前の大きな木が倒れて玄関からは逃げられないことを想定する」「物の落下やガラス等が散乱した状況を別のもので実際につくって子どもの避難方法を考える」「オール電化の環境で停電になったときのために石油ストーブを備える」など、さまざまな取り組みが見られました。みなさんもいくつか考えてみてください。

2 園の安全管理の内容

ここでは、『保育所保育指針解説』に示された、事故防止および安全対策についての解説にそって、園の安全管理の内容について詳しく見て、考えていきましょう。幼稚園においても、基本は同じです。

1．日常の安全管理

子どもは毎日いろいろな遊びをして日々育っているので、安全管理は、日常的にていねいに行うことが必要です。こうした日ごろ園で行う安全管理について『保育所保育指針解説』には以下のように示されています。

> 事故の発生を防止するためには、子どもの発達の特性と事故との関わりに留意した上で、事故防止のためのマニュアルを作成するなど、施設長のリーダーシップの下、組織的に取り組む。
> 事故発生防止に向けた環境づくりには、職員間のコミュニケーション、情報の共有、事故予防のための実践的な研修の実施等が不可欠である。
> 日常的に点検項目を明確にして、定期的に点検を行い、文書として記録し、その結果に基づいて問題のある箇所を改善し、全職員と情報を共有しておく。
> 保育中の安全管理には、保育所の環境整備が不可欠であり、随時確認し、環境の維持及び改善に取り組む。また、日常的に利用する散歩の経路や公園等についても、異常や危険性の有無、工事箇所や交通量等を含めて点検し記録を付けるなど、情報を全職員で共有する。
>
> (厚生労働省『保育所保育指針解説』2018)[2]

第1に、安全点検表などをつくって、点検項目を整理し、点検日と点検者を決めることが必要です。たとえば遊具のカバーのネジが外れて中の鋭利な金属がむき出しになっている、といったことが重大な事故を招きます。こうした危険は大小さまざまあり、漠然と見てまわるだけでは見落とすことになります。「安全点検チェックリスト」などとして点検表を作成して、誰でも確実に、適切にチェックできるようにしておくことが必要です。点検する対象としては、施設、設備、遊具、玩具、用具、園庭などがあげられます。

第2に、遊具の安全基準や規格などを十分に知っておくことが求められます。ただし、専門的な点検が必要な屋外遊具などについては、専門技術者による定期的な点検をしてもらうようにします。砂場の衛生などにも留意したいところです。

第3に、日常的な園外保育において、歩く経路や行き先の公園などについて、危険性を把握するために、工事が行われていないか、交通量はどうかなども含めて点検してその記録をつけ、それを全職員で共有することが必要です。下見をしたり、気がついた問題を記録したりして共有するなど、きめ細かな配慮が求められます。「おさんぽマップ」などとしてわかりやすくまとめておくとよいでしょう。

2．事故防止への取り組み

　そもそもできるだけ事故が起こらないような取り組みをしてリスクを小さくしておくことが必要です。『保育所保育指針解説』では、事故防止について次のように示しています。

　　安全な保育環境を確保するため、子どもの年齢、場所、活動内容に留意し、事故の発生防止に取り組む。特に、睡眠、プール活動及び水遊び、食事等の場面については、重大事故が発生しやすいことを踏まえて、場面に応じた適切な対応をすることが重要である。
　　例えば、乳児の睡眠中の窒息リスクの除去としては、医学的な理由で医師からうつぶせ寝を勧められている場合以外は、子どもの顔が見える仰向けに寝かせることが重要である。(中略)
　　プール活動や水遊びを行う場合は、監視体制の空白が生じないよう、専ら監視を行う者とプール指導等を行う者を分けて配置し、役割分担を明確にする。(中略)
　　食事の場面では、子どもの食事に関する情報 (中略) や当日の子どもの健康状態を把握し、誤嚥等による窒息のリスクとなるものを除去したり、食物アレルギーのある子どもについては生活管理指導表等に基づいて対応したりすることが必要である。(後略)　(厚生労働省『保育所保育指針解説』2018)[3]

　まず、安全な保育環境を整えるために、子どもの発達の状況、活動している場所、活動の内容に注意して事故を防止することが求められています。特に事故が発生しやすい場面として、①睡眠、②プール活動や水遊び、③食事などの場面があげられています。
　睡眠については、たとえば、まだ寝返りがうてない子どものうつぶせ寝による窒息といった、子どもの発達特性と事故との関係を考慮する必要があります。特に乳児がいる保育所では、乳幼児突然死症候群（SIDS）について、その予防策や子どもの異常の早期発見が必要で、登園時に保護者から子どもの体調を十分に把握したり、睡眠中に 10 分ごとに子どもの呼吸をチェックしたりするなどの方策の確実な実行が求められます。プール活動や水遊びにおいては、保育者が子どもから目を離している時間がないよう、監視に専念する者と子どもとかかわる者とを分けるなどの役割分担を求めています。また、子どもが水深 10 cm 程度でも溺れてしまうことや、溺れるときは静かに沈むといった知識が適切な監視を助けます。食事の場面では、日々の子どもの健康状態に配慮することや、誤って飲み込んで窒息しやすいものを除いたり、給食や弁当など食べ物を交換してしまったりする子どもの姿を踏まえた食物アレルギーへの確実な対応などが求められます。

3．訓練の実施と緊急時の対応

　子どもに大きな影響をもたらす重大事故等が発生した場合を想定した実効的な訓練を実施することや、万が一そうした重大な事態が発生した際には、全職員の理解のもとで、子どもや保護者に迅速・確実に適切な対応を行い、事態が収束した後の子どもへのケアまで十分に配慮しながら援助していくことが必要です。『保育所保育指針解説』では、訓練の実施と緊急時の対応について次のように示しています。

　　重大事故や不審者の侵入等、子どもに大きな影響を及ぼすおそれのある事態に至った際の危機管理についても、緊急時の対応マニュアルを作成するとともに、実践的な訓練、園

内研修の充実等を通じて、全職員が把握しておくことが必要である。(中略)

　保護者への説明は、緊急時には早急かつ簡潔に要点を伝え、事故原因等詳細については、事故の記録を参考にして改めて具体的に説明する。(中略)

　また、施設内で緊急事態が発生した際には、保育士等は子どもの安全を確保し、子どもや保護者が不安にならないよう、冷静に対応することが求められる。

　子どもが緊急事態を目前に体験した場合には、強い恐怖感や不安感により、情緒的に不安定になる場合もある（心的外傷後ストレス障害 − PTSD：Post Traumatic Stress Disorder）。このような場合には、小児精神科医や臨床心理士等による援助を受けて、子どもと保護者の心身の健康に配慮することも必要となる。(厚生労働省『保育所保育指針解説』2018) 4)

　そこで必要となるのは、マニュアルの作成と定期的な避難訓練です。マニュアルは、職員の役割分担や緊急時の対応について明記し、いざというときに各自がどうすればよいかがわかるようにするものです。また、保育は園というチームで行っていますが、子どもを見守る際に、分担やその引き継ぎを明確にしておかないと、観察に空白時間が生じて、誰も気がつかないときに子どもの生命が危険にさらされる、といったことが起こる危険性があります。見守りとともに、子どもへの日ごろからの安全指導が必要です。

　そして、事故の状況や子どもの様子について保護者への詳しい説明が求められます。緊急時には急いで、簡潔に要点を伝えます。連絡を受けた保護者が心配のあまりパニックに陥ることもあるので、保育者が落ち着いて正確に伝えることが必要です。さらに、事態が落ち着いた段階で、保護者に具体的にていねいに経緯を説明しなければなりません。

　緊急事態に慌てずに対処することはむずかしいものです。子どもの命を守るためにも、日ごろからの手順の理解や実際と同じような訓練、頼りにできるマニュアルが必要なのです。緊急時に子どもが不安にならないよう保育者が冷静に振る舞うことが大切です。保護者にも冷静に対応しなければなりません。保育者の動揺は子どもに伝わり、そのことが避難や対応をむずかしくします。子どもの恐怖心をどのように受け止めて、どのように行動させ、どのように安心させるかなどについて、保育者に心の準備が十分にあることが必要です。保育者が不安だと、状況がわからない保護者はさらに不安になり、そのことが保護者の冷静な対応を妨げることもあります。また、緊急事態を目の当たりにした子どもたちが、強い恐怖感や不安感などから情緒がとても不安定になることもあります。PTSDなどの場合は園や保育者だけで抱え込まず、小児精神科医や臨床心理士等に援助を依頼し、専門家の視点を踏まえて、子どもとその家庭への精神保健面の配慮をします。

4．災害への備え

　火災や地震等が実際に起こったときに、どのように対応して子どもの命と保育者自身の命を守るか、『保育所保育指針解説』では以下のように示されています。

　消防法（昭和23年法律第186号）第8条第1項は、保育所に対し、消防計画の作成、消防設備の設置及び防火管理者の設置等を義務付けている。また、設備運営基準第6条等

は、消火器等の非常災害に必要な設備の設置等を定めている。（中略）

　保育所の安全環境の整備は、子どもが安全に保育所の生活を送るための基本である。安全点検表を作成して、施設、設備、遊具、玩具、用具、園庭等について、安全性の確保や機能の保持、保管の状況など具体的な点検項目、点検日及び点検者を定めた上で、定期的に点検することが必要である。また、遊具の安全基準や規格などについて熟知し、専門技術者による定期点検を実施することが重要である。（中略）

　保育所の立地条件や規模、地域の実情を踏まえた上で、地震や火災などの災害が発生した時の対応等について各保育所でマニュアルを作成し、保育所の防災対策を確立しておく必要がある。（中略）

　保育所の避難訓練の実施については、消防法で義務付けられ、設備運営基準第6条第2項において、少なくとも月1回は行わなくてはならないと規定されている。（中略）

　災害が発生した際、保育所で過ごしていた子どもを安全に保護者に引き渡すためには、保育所の努力だけではなく、保護者の協力が不可欠である。入所時の説明や毎年度当初の確認、保護者会での周知等、様々な場面を通じて、災害発生時の対応について、保護者の理解を得ておくことが必要である。（中略）

　災害発生時に連携や協力が必要となる関係機関等としては、消防、警察、医療機関、自治会等がある。また、地域によっては、近隣の商店街や企業、集合住宅管理者等との連携も考えられる。こうした機関及び関係者との連携については、市町村の支援の下、連絡体制の整備をはじめ地域の防災計画に関連した協力体制を構築することが重要である。（中略）

　避難訓練については、その実施内容等を保護者に周知し災害発生時の対応について認識を共有したり、災害発生時の連絡方法を実際に試みたり、子どもの引渡しに関する訓練を行うなど、保護者との連携を図っていく。（後略）　　（厚生労働省『保育所保育指針解説』2018）[5]

　まず、消防法に基づき、消防計画の作成、消防設備の設置、防火管理者の設置等を義務づけられています。園ではこれらをしっかり遵守する義務があります。

　次に、園の安全環境のため安全点検表を作成することが必要であるとしています。

　そして月に1回以上の避難訓練を行う必要もあります。避難訓練は、万一の際の対応なので、実際の経験から慣れるということはできません。したがって、定期的な実施が重要です。訓練は緊張感のない形式的なものでなく、たとえば「ガラスが散乱している場合に保育室で裸足だった子どもたちにどのように指示をするか」といった実際のさまざまな状況を想定して行うとよいでしょう。いざというときに子どもたちが保育者の誘導に従って落ち着いて避難できるような、日ごろからの取り組みが大切です。また、保育者が守るだけでなく、子どもたちが自ら自分の身を守ることを学ぶ取り組みが大切です。

　また、避難訓練は地域住民や家庭、地域の関係者と連携して行うと効果的です。災害時に幼い子どもが多くいる園から避難する際に、地域の住民や学校、事業所などと連携するとより安全に避難できます。また家庭との連絡をどうするのか、連絡が取れない場合子どもたちがどこに避難しているのかなど、日ごろからの連携と確認が大切になります。さらに、消防署や警察署などから専門的な助言に基づいて避難の計画を立てることが、安全の確実な確保につながります。また、園が地域の避難所となる場合もありますから、災害時の避難所としての設営、食料の備蓄や備品の準備などについて、備えておくことが必要です。

3 園の安全管理の実際

　園では実際にどのような事故が起こっているのでしょうか。またそうした危険に対し、どう管理し、どのような考え方で対応していくべきなのでしょうか。この節ではそのヒントを示します。

1．園での事故の実態

　独立行政法人日本スポーツ振興センター学校安全部『学校管理下の災害（令和3年版）』（2021年）によると、幼稚園・幼保連携型認定こども園・保育所等での事故は、幼稚園では「運動場・園庭」、幼保連携型認定こども園・保育所等では「保育室」でもっとも多く発生しています。遊具別では、幼稚園・保育所等では、すべり台がもっとも多く、幼保連携型認定こども園では、総合遊具・アスレチックが多くなっています。けがの部位別に見ると、幼稚園では、「眼部」、「歯部」、「手・手指部」「頭部」が多く、幼保連携型認定こども園・保育所等では、「眼部」、「肘部」、「歯部」「手・手指部」が多くなっており、「頭部」が全体の約6割を占めています。時間帯別では、幼稚園では10〜11時、13〜14時に、幼保連携型認定こども園では10〜11時、11〜12時、9〜10時の順で、保育所等では10〜11時とその前後に最も多く発生し、16〜17時でも発生が多く見られます。死亡事故の事例としては、午睡後の中枢神経系突然死や食事中などの窒息死があげられています。

　一方、内閣府の報道発表「令和3年　教育・保育施設等における事故報告集計」（2022年）によると、2004〜2021（平成16〜令和3）年の間に、認定こども園で4件、認可保育所で66件、認可外保育施設で145件、その他小規模保育事業等の施設で5件、合計220件の死亡事故が報告されています。2021（令和3）年には5件の死亡事故が発生していますが、0〜2歳児でのみ発生しており、低年齢児の死亡事例が顕著です。

　保育者にとって手の施しようのない事例もあると思われますが、子どもを救うことができた事例もあったのではないでしょうか。それには、前節までにあげたような対策を確実に講じるとともに、園での安全管理の実施体制を整えること、つまり組織としての取り組みが重要になります。

2．園での安全管理の体制

　園での保育の環境として、「保育所保育指針」に以下のように示されています。

第1章　総則　1　保育所保育に関する基本原則　（4）保育の環境
　保育の環境には、保育士等や子どもなどの人的環境、施設や遊具などの物的環境、更には自然や社会の事象などがある。保育所は、こうした人、物、場などの環境が相互に関連

し合い、子どもの生活が豊かなものとなるよう、次の事項に留意しつつ、計画的に環境を構成し、工夫して保育しなければならない。（ア　略）
イ　子どもの活動が豊かに展開されるよう、保育所の設備や環境を整え、保育所の保健的環境や安全の確保などに努めること。

（厚生労働省「保育所保育指針」2017）

また、「事故防止及び安全対策」として、以下のようにも示されています。

第3章 健康及び安全　3 環境及び衛生管理並びに安全管理　（2）事故防止及び安全対策

ア　保育中の事故防止のために、子どもの心身の状態等を踏まえつつ、施設内外の安全点検に努め、安全対策のために全職員の共通理解や体制づくりを図るとともに、家庭や地域の関係機関の協力の下に安全指導を行うこと。
イ　事故防止の取組を行う際には、特に、睡眠中、プール活動・水遊び中、食事中等の場面では重大事故が発生しやすいことを踏まえ、子どもの主体的な活動を大切にしつつ、施設内外の環境の配慮や指導の工夫を行うなど、必要な対策を講じること。
ウ　保育中の事故の発生に備え、施設内外の危険箇所の点検や訓練を実施するとともに、外部からの不審者等の侵入防止のための措置や訓練など不測の事態に備えて必要な対応を行うこと。また、子どもの精神保健面における対応に留意すること。

（厚生労働省「保育所保育指針」2017）

「保育所保育指針」「第1章　総則」にあるように、保育所の保健的な環境や安全を確保していく際に、「子どもの活動が豊かに展開されるよう」に設備や環境を整えるという点に着目しましょう。子どもの安全は保育において欠くことのできない基盤です。もし安全のみが目的であれば、子どもが何もしないように、活動や使う遊具などを制限すればよいでしょう。しかし、保育所等は、子どもが生涯にわたる生きる力の基礎を培う場です。その使命を果たしていくために、園では、子どもが主体的な活動としての遊びの中でさまざまなチャレンジをして学んでいくための、つまり「子どもの活動が豊かに展開されるよう」な環境を構成することが求められます。

そうした前提を踏まえた上で、「保育所保育指針」「第3章　健康及び安全」の「3　環境及び衛生管理並びに安全管理」の「（2）　事故防止及び安全対策」を見てみましょう。

第1に、事故防止のためには、子ども一人ひとりの心身の状態——発達、気持ち、体調、興味や関心などを把握しておくことが前提とされています。その上で、保育室や園庭あるいは園外など子どもが活動するすべての場について、チェックリストなど、具体的なツールを用いて誰でも確実に安全点検できるようにすることが必要です。また安全についての理解や意識を全職員が共有し、安全のための計画や安全点検などを主に担当する者を決めるなどの体制づくりが不可欠です。また園内だけの体制に留まらず、家庭や地域の関係機関——保護者、専門機関、学校、事業所、地域住民などとも協力し合いながら連携体制を築いておくことが大切です。

第2に、前節でも触れた睡眠中、プール活動・水遊び中、食事中などの場面で重大事故が発生しやすいため、こうした場面において「子どもの主体的な活動を大切にしつつ」、環境への配慮や整備、子どもの援助を行うことになります。

第3に、事故発生に備えての点検や訓練を行い、不測の事態に対して施設・設備などの環境整備を行い、また子どもの心のケアに留意することとされています。

3. リスクマネジメント

園の安全管理に際してここまで述べてきたような方策を講じるにあたって、「リスクマネジメント」という考え方を知っておきましょう。危機に対してどう準備し、どう対処するかを「危機管理」といいますが、事故等の危険を事前に把握して対応を考えておくことを「リスクマネジメント」、危機が発生した際の実際の対処を「クライシスマネジメント」と呼びます。ここでは、リスクマネジメントについて、その視点を学びましょう。

園でのリスクマネジメントについて検討するにあたって、その枠組みとして「SHELL（シェル）モデル」が役に立ちます。

SHELLモデルとは、航空分野で生まれて医療等の分野に広がってきた、事故を予防するためのリスク分析ツールです。Liveware（本人）を中心として、Software（ソフトウェア＝考え方や計画など）、Hardware（ハードウェア＝施設・設備など）、Environment（環境）、Liveware（周囲の人々）との関係の観点からリスクマネジメントをとらえようとするものです（図表10-1）。福祉施設のリスクマネジメントについて検討した中尾（2006）によると、「それぞれの要素の相関性を分析し、その結果を最終的にサービスのあり方や施設経営（management）へフィードバックすることが必要」であり、「それぞれの項目について背景を分析し考えられる対応を挙げた上で、総合的な対策を提起する必要があり」、また「基礎資料として事故報告書、時系列にまとめられた経過の記録、関係者からの聴き取りなどが必要」とされ、「必要に応じて事故の現場や事故に関係した実物（ベッドからの転落事故の場合ならベッドなど）の検証を行うことも大切」だとされます[6]。こうした観点から、園での安全管理をとらえ直してみるとよいでしょう。

図表10-1　SHELLモデル

園におけるリスクマネジメントにおいては、本人とは子どもの事故については子ども、保育者の失敗や過失に焦点化する際には保育者本人を指すと考えることができます。ソフトウェアとは保育者の認識の共有や実践上の配慮、マニュアルなどで、ハードウェアとは施設・設備などになります。環境とは園外保育の物理的な可変的環境になります。周囲の人々とは、子どもを中心とすると直接かかわる保育者であり、保育者を中心とすると周囲の保育者および関係者だと考えることができるでしょう。

「安全点検チェックリスト」、「ヒヤリ・ハット事例」、「おさんぽマップ」などの作成や安全管理計画を立てるにあたって、SHELLモデルで示される要素を視点として検討するとよいでしょう。

演習課題 **1**　　**安全に生活や遊びをするためのルールをつくってみよう。**　　個人からグループ

✐ **STEP ①**　幼稚園や保育所において子どもが安全に生活や遊びをするためのルールをつくってみよう。

✐ **STEP ②**　作成したルールを子どもがわかるように伝える方法を考え、どのようにしたらわかりやすく子どもに伝えることができるかグループで話し合ってみよう。

演習課題 **2**　　**安全管理に関するマニュアルについてまとめてみよう。**　　個人からグループ

✐ **STEP ①**　本文を参考にして、安全管理について園にどのような種類のマニュアルがあるとよいかあげてみよう。

✐ **STEP ②**　必要と思われるマニュアルについて、友人と意見を交換し話し合ってみよう。

演習課題 **3**　　**「おさんぽマップ」を作成してみよう。**　　グループ

✐ **STEP ①**　小グループに分かれて、学校から歩いて 5 ～ 10 分程度の範囲の目的地（公園、神社等）の中でどこの「おさんぽマップ」を作成するか、話し合って決めよう。

目的地

✐ **STEP ②**　注意するポイント、危険個所、子どもが興味をもちそうなものなど書き出してみよう。イラストも入れたほうがわかりやすい部分など工夫も書き込もう。

✐ **STEP ③**　STEP ②を話し合って整理し、グループで「おさんぽマップ」を完成させよう。

この章の学習をおえて ──● この章で学んだことをまとめてみよう

第10章 **問題解決の案内**

　幼稚園・保育所の安全管理について必修の教科目はなく、多くの養成校では各教科目の中で断片的にふれられているにすぎません。しかし、多くの幼い子どもがいる園では、日々の安全の確保は子どもが育つもっとも基盤にあるものです。本章で学んだことをさらに園生活全般にかかわって網羅的、具体的に理解しておくために、以下の文献を参照してみてください。

『保育園における事故防止と安全保育』田中哲郎、日本小児医事出版社、2019
　理論、制度、実態、事故防止、安全管理、保護者や地域との協力・連携の概論に加えて、感染症、事故、災害等について具体的な防止策と対応方法が提案されている。

『事例で見る園の防災・危機管理―子どもたちの安全のためにできること』
脇貴志、フレーベル館、2015
　防災および事故の事例が紹介され、それぞれの事例について防災・危機管理コンサルタントの著者が実務経験をもとに解説し、それらをもとに各園でマニュアルを作成していく際のヒントが示されている実用的なガイドとなっている。

『子どもの「命」の守り方―変える！事故予防と保護者・園内コミュニケーション』
掛札逸美、エイデル研究所、2015
　ゼロリスクではなく深刻事故防止という観点から、子どもの豊かな育ちを保障しつつ、命を守る保育を根幹として、園内コミュニケーションを円滑にし、保護者とのコミュニケーションを良好にしていくための助けとなる一冊。

第11章

保育者の専門性

 この章のねらい

　本章では、保育者の専門性について、まずその特質について考えていきます。省察的実践者モデルに基づいて、経験知の重要性や保育者の資質について検討します。次に、保育者の成長について考えます。保育者の専門的成長の機会としての研修や、それを成長につなげる取り組みについて検討し、専門的成長のスタート地点における課題とその対処方法について考えます。

　最後に、保育者の専門性の基盤としての倫理の在り方を概観します。

1 保育者の専門性について考える

1. 保育の特質と省察的実践

　保育の実践は、一回性（二度と同じことが起こらないこと）、曖昧性（ある出来事の意味がはっきりと一つに定まらないこと）、不確実性（こうすれば必ずこうなるという機械的な確実さがないこと）などの性質をもっています。そのため、保育者は、保育という行為をしながら振り返りを行っています。そのつど、そのときの状況を把握し、子どもの反応を受け止め、子どもの背景やこれまでの状況などを思い起こしながら、今何をすべきか判断し、行為しているのです。

　第7章（p.77）でも述べましたが、ショーンは対人援助の専門職のこうした特質を、「行為の中の省察（reflection in action）」と呼んでいます。省察とは、振り返り・考えることです。こうした、状況と対話し瞬時に振り返りながら実践を行う専門職の在り方を「省察的実践者」（reflective practitioner）と呼んでいます[1]。

2. 保育者と子どもの関係性

　省察的実践者のもう一つの特質は、クライアントとの関係性にあります。保育者という専門家は子ども（および保護者）というクライアントとどのような関係にあるのでしょうか。保育者は何も知らない子どもに自分が知っている正しいことを教える存在なのでしょうか。

　ショーンは、違う見方をします。省察的実践者としての保育者は、ある知識を正しいこととして押しつけるのではなく、子どもが自ら、自分のフレーム（枠組み、ものの見方・考え方など）を修正し、学び、育っていくことを援助します。そして保育者自身も、経験的につくり上げてきたフレームを自覚して、実践と照らし合わせながら、修正・更新し続ける、つまり学び続ける存在です。大人にとって理不尽に見える子どもの行為も、子どもは自分の経験や状況から自分なりに考え、自分なりの道理をもって行っています。保育者は、「子どもがそうして（そう考えて）いるのは、私にはまだわからない何らかの、子どもにとっての合理的理由があるのだ」と考えて、子どもや保護者の思考や行動を受け止め、寄り添わなければなりません。

3. 保育者の専門知の特質

　保育者が専門家だとすると、保育者は専門的な「知（knowledge）」（知識と技術の総体）を備えているはずです。では保育者の「知」をどのようにとらえるとよいでしょうか。参考になる例として、レナードとスワップ（D. Leonald & W. Swap）が示している経験知

「ディープスマート（deep smarts）」という概念を紹介します。ディープスマートは、直訳すれば「深い知恵」といえるでしょう。それは「その人の直接の経験に立脚し、暗黙の知識に基づく洞察を生み出し、その人の信念と社会的影響により形作られる強力な専門知識」[2]だとされます。保育実践では、「カン」や「コツ」といわれる保育者の感覚が生きて働きますが、その基盤にはこの経験知があると考えることができます。

　保育者が外部の「正しい」知識を吸収しようとすることももちろん必要です。しかし保育者の頭の中には、日々の実践を通じて蓄積された豊富な「経験知」が資源として埋もれています。であるならそれを保育者個人としても組織としても、大いに活用することが、保育者の専門性を高めることにつながり、お仕着せでない自分自身の知としてそれぞれの保育者の中で生きて働く原材料になるはずです。

4. 保育者の資質

　保育者の資質として、テクニカル・スキル、コンセプチュアル・スキル、ヒューマン・スキルの3つに分けることができます[3]。これまで学んできた教科目や実習、また課外の活動が、みなさんのどのような力につながっているか考えながら確認していきましょう。

　テクニカル・スキルとは、保育者としての知識と技術のことです。保育を実践していくためには、実際に保育を行うための知識と技術をもっていなければなりません。保育の原理や子どもの理解、子どもの学びを促す方法や内容、そのための言葉のかけ方や見守り方、絵本の読み聞かせや音楽活動・造形活動・身体表現などの実技、教材の準備や環境の構成の知識と技術、など主に形式的・技術的に学ぶことができるスキルです。

　コンセプチュアル・スキルとは、保育者の実践を支える概念、考え方、理論などです。理論は大学などの研究者だけのものではなく、現場の保育者にも豊富な経験知に基づいた理論があるのです。ただそれを、普段は意識していないだけのことなのです。また子ども観（子どもはどういう存在であるのかという子どもへの見方）や、保育観（保育とはどのような営みかという保育への見方）もコンセプチュアル・スキルの一つです。保育者の実践的な行為は、無意識的であっても、心の奥にある見方や考え方に影響されます。たとえば、子ども同士がけんかをしそうになったときに、「子どもは自分ではまだ対人的な葛藤を解決できない無知な存在だ」という子ども観をもっていたら、すぐに割って入って保育者が自ら解決しようとするでしょう。「子どもは自ら解決する知恵を見出す賢い存在だ」と思っているなら、少し見守ってみたり、助けるとしてもヒントにとどめるでしょう。そうした援助の違いは、保育とは何かという、保育観によって導かれるものなのです。

　ヒューマン・スキルとは、人とかかわる力といえるでしょう。保育者は人を相手に援助を行う、対人援助の専門職の一つです。子どもや保護者との良好なコミュニケーションを図ることで、子どもをよりよく育て保護者を適切に支援していくことができます。ただし、コミュニケーション能力とは、決して話がうまいことや社交的だということではありません。子どもや保護者の立場や気持ちに寄り添い、適切な言葉のやりとりを行うことにより、信頼関係を構築し課題を共有しながら、ともに解決していくことができる力なのです。

2 保育者の成長について考える

　前節であげたような専門性は、資格を取れば身につくというわけではなく、また何年目に完成する、といったものでもありません。保育者は少しずつ専門性を向上させながら、成長していく存在です。成長とは、知識が増えて技術的にうまくなっていくことというより、少しずつ変わっていくことととらえたほうがよいかもしれません。

1. 保育者の研修

　保育者の成長には日々の経験の積み重ねが不可欠です。しかし、ただ経験を重ねるだけではなく、意識的に学びの機会をもち自己研鑽することで、成長がより効果的に促されます。それが研修と呼ばれる活動です。研修には、自己研修、園内研修、園外研修があります。園内研修と園外研修は職務の一つとして行われます。

　自己研修は、自ら主体的に、いわば私的に行うものです。たとえば、図書館に出かけて専門書を読む、本屋でいろいろな絵本を探す、インターネットで新しい手遊びを探して覚える、保育雑誌で現在の保育の動向を知るといった、主に個人的な取り組みです。またシンポジウムや研究会に参加したり、仲間と私的な勉強会などを行うこともあります。

　園内研修は、園の保育者同士で学び合う研修です。特定の課題について各グループで追究したり、保育場面をお互いに参観してカンファレンス（検討会）を行ったり、ある職員が園外研修で学んできたことを伝達したりします。助言者として講師を招くこともあります。

　園外研修は、園での保育から離れて、自治体や保育団体等が実施する研修会に参加することです。保育の基本にかかわるもの、発達の理解に関するもの、保育技術、保護者支援などテーマ別に行われるものや、初任者、若手、中堅、ベテラン、主任、園長などの経験年数や職位に伴うものなどがあります。単発で実施されるものが中心ですが、数日間集中的に行われるものや、定期的・継続的に行われることもあります。

　保育者は、専門性を高めるために、積極的に研修に参加することが求められます。そのため園も研修に計画的に取り組み、勤務体制の工夫や経費の補助などを行う必要があります。

　また、「教育公務員特例法」では、研修の権利（第22条）と義務（本人の努力義務と、任命権者が研修を実施する努力義務。第21条）、初任者研修（第23条）等が規定されています。指導上の問題がある教員には、指導改善研修が課せられます（第25条の2）。これは公立の幼稚園に適用される法律ですが、私立の幼稚園においても同様に研修の重要性が理解されており、私立幼稚園の全国および地方組織による研修が積極的に行われています。

　保育所については、「保育所保育指針」「第5章　職員の資質向上」の「4　研修の実施体制等」において、園の保育者個々のキャリアパス（初任者から管理職員までの職位や職務内容等の道筋）を踏まえた体系的な研修計画の作成が求められています。また、「保育士等

キャリアアップ研修ガイドライン」を踏まえて、各都道府県が職務内容に応じた専門性を図るための研修を行うこととされています（「保育士等キャリアアップ研修の実施について」平成 29 年 4 月 1 日付、雇児保発 0401 第 1 号、厚生労働省雇用均等・児童家庭局保育課長通知）。

　そして、研修を受けるだけで専門性が成長するわけではありません。第 4 章と第 5 章で確認した「PDCA サイクル」は、研修によって専門性を高めていくという過程を考えるのにも役立ちます。

　たとえば園では、保育者の課題と強みを考えて、課題解決の研修や強みを伸ばす園外研修への参加を計画します（Plan）。可能なら自分で課題と強みを考えて希望を出して参加しましょう。研修を受けたら（Do）、振り返りを文字にしてみましょう。通常、研修の報告書を書いて出すことになります。学べたこと、それを保育にどう生かしていくか、などを具体的に書きます（Check）。そして新たな保育に踏み出す（Action）ことで成長が促されるのです。

2.　新人保育者の課題

　保育職に就いて 1 年目、「新人」と呼ばれる年に、保育者として成長していくための大きなハードルがあり、まずはそれを乗り越えることが課題の一つとなります。保育者として 1 年目である場合、多くの保育者は社会人としても新人です。子どもとふれあい、子どもを保育するといった保育者の中心となる営み以外に、多くを学ばなければなりません。あいさつや服装といった社会人としての基本的なマナー、園で電話を受けたり役所に書類を送ったりするといった職務上の基本的マナー、間違えないように事務処理や集金をするといった業務、指導計画を書いたり、保育の記録や子どもの記録、保護者へのお便りを書くなど、書き物も予想より多いはずです。

　こうした負担は人によって受け止め方が異なりますが、多くの場合、毎日子どもと楽しい時間を過ごすといった就職前のイメージと目の前の現実が違って見えて、「リアリティ・ショック」と呼ばれる精神状態を経験することがあります。もう続けられない、辞めたいと思う人も出てきます。

　こうした状況を乗り越えて成長を続けていくには、いくつかの方法があります。一つには、強い意志で自己研鑽することによって現実に対応できる力を身につけていくことです。もう一つは、ほかの人に助けてもらう、あるいは助け合うという方法です。個人的に親しい家族や友人に悩みを聞いてもらう、安心して話せる先輩や同僚から助言や支援をしてもらう、先輩から技術的なアドバイスを受けるといったことです。精神的に深刻な場合は、園長や主任など園の責任者や、カウンセラーなどの専門家に率直に相談し、状況によっては心療内科を受診するということも考える必要があります。こうした周囲の人たちによる支援は「ソーシャル・サポート」と呼ばれ、専門家としての成長に欠かせないものと考えられるようになっています。学生時代の恩師や先輩に相談するのもよいでしょう。

　仕事の環境が劣悪で労働者としての権利や人権が守られていないような場合、あるいは

園の保育観が著しく偏っていてとても園の方針にそって保育していくことができない場合などは、退職して別のよい職場を探すべきですが、そうでない場合は、1年あるいは3年など、とにかくやり抜くことを決めて、その代わり、ソーシャル・サポートをしっかり得ながら、助けてもらいながら学んでいくようにしましょう。がんばっているうちに、保育のおもしろさや子どものかわいさが徐々により大きく感じられるようになり、成長する充実感を味わえるようになり、力もつき、もっと成長したいと思って仕事に取り組めるようになります。どの保育者もそうやって成長してきているのです。

さらに新人時代をよりよく過ごすために効果的なことの一つは、学生のうちに得意技を一つ身につけておくことです。絵本をたくさん知っている、ピアノが得意、子どもとのかかわりが得意、発達障害について卒業研究で詳しく調べた、笑顔で気持ちよくあいさつができるなど何でも、人より少し自信がもてるものを備えておくと、それが専門性の向上や仕事の継続を支えるものになります。今からでもがんばってみましょう。

column　「ひとり園内研修」に取り組んでみよう

　就職したら、自己研鑽の一つとして「ひとり園内研修」をやってみてはどうでしょう。

　まずは、状況から学びます。子どもはどんなときに笑顔になっていますか？　子どもはどんなときに集中して真剣に遊んでいますか？　子どもたちはどんなときに助け合って問題を解決していますか？　先輩保育者はあなたにないどんな技をもっていますか？　先輩のどんな実践をまねてみたいですか？　こうしたことを、ときどき簡単にメモしておくのです。

　ある程度たまったら、今度はあなたが実際に何に取り組むかを、たとえば3つほど考えて、書き出します。環境をこんなふうに変えてみよう、言葉かけを少しだけこう変えてみよう、といったことを、できるだけ具体的に設定して、実際に試すのです。「子ども一人ひとりをしっかり観察する」とするより、「一日5人ほめる」と具体的に決めるほうが、子どもをしっかり観察することにつながります。「子どもをゆったりと見守る」とするより、「反射的に声をかけそうになったら（危険がない限り）5秒待つ」とするほうが、ゆったりと見守って子どもの力を発揮させることにつながります。また机の並びを変えてみるだけで子どもの協力が増えたり、砂場に山をつくっておくだけで子どもの遊びが豊かに展開したり、絵本の並べ方を変えるだけで、子どもがよく読むようになったり大切に片づけたりするようになります。

　それをたとえば1週間やってみたら、子どもがどう変わるか、自分の考えがどう変わるか、自分の気持ちがどう変わるか、自分の行動がどう変わるか、を意識して確認してみてください。効果的だとわかったことは継続しましょう。

　こうして自己研鑽しながら、それを園内研修でも生かしていくと、ほかの保育者たちにも役立ち、相互に保育を高め合うことにつながるはずです。

3 保育者としての倫理

1. 保育者の倫理とは

　保育者の倫理は、保育者の専門性のもっとも基盤にあって専門家としての信念を支えるものです。

　ある職業の倫理を整理して宣言するものである倫理綱領は、その職業の専門性にとって必要なものの一つです。ここでは幼稚園教諭も含む保育者の倫理を考えるために、「全国保育士会倫理綱領」を検討していきましょう。

　児童福祉法の改正による保育士資格の法定化に伴い、その社会的責務を心に留めて職務に当たるために、全国社会福祉協議会・全国保育協議会・全国保育士会において「全国保育士会倫理綱領」（次頁参照、以下倫理綱領）が採択されました（2003（平成15）年2月26日）。

　前文では第一に、「すべての」子どもに対する、愛情に満ちた健やかな育ちを保障することと、「自ら」伸びる「無限の」可能性がうたわれています。性格も発達も家庭環境もさまざまな「すべての」子どもの育ちを平等に、最大限保障しなければならないのです。また、子どもが「自ら」伸びる「無限の」可能性を信じることが、子どもを肯定的にとらえてその育ちを着実に支えていくことができます。また、子どもが現在を豊かに生きることを支え、未来を生きていく力を培うために、保育という仕事に「誇り」と「責任」をもち、保育者自らが、「人間性」と「専門性」の向上に努めなければならないのです。

　さらに、一人ひとりの子どもを「心から」尊重するという姿勢がうたわれています。子ども一人ひとりについて、それぞれ価値のある大切な存在として、ていねいに向き合うことが求められます。専門家として、すべての子ども一人ひとりの存在にかけがえのない価値を感じながら、その一人ひとりに真摯に向き合い、一人ひとりに最大限の育ちを保障する、そのために努力するという姿勢があれば、どの子どもも変わらず大切で、かわいく、愛すべき存在となるはずです。

　それらを踏まえて、次のことが宣言されています。①子どもの育ちを支えること、②保護者の子育てを支えること、そして③子どもと子育てにやさしい社会をつくっていくことです。保育者は専門家として、目の前の子どもや保護者にかかわるだけでなく、子どもがその中で育つ、また保育者の仕事の前提となる、社会の在り方にも目を向け、その改善について考えたり、意見を表明したりしていかなければならないのです。子どものそばにいる保育者だからこそ子どものことがわかり、子どものために発言していけるのです。

2. 倫理綱領から保育者の倫理を学ぶ

　以下、「倫理綱領」の各項目について考えてみましょう。

全国保育士会倫理綱領

　すべての子どもは、豊かな愛情のなかで心身ともに健やかに育てられ、自ら伸びていく無限の可能性を持っています。

　私たちは、子どもが現在（いま）を幸せに生活し、未来（あす）を生きる力を育てる保育の仕事に誇りと責任をもって、自らの人間性と専門性の向上に努め、一人ひとりの子どもを心から尊重し、次のことを行います。

　　私たちは、子どもの育ちを支えます。
　　私たちは、保護者の子育てを支えます。
　　私たちは、子どもと子育てにやさしい社会をつくります。

（子どもの最善の利益の尊重）

1．私たちは、一人ひとりの子どもの最善の利益を第一に考え、保育を通してその福祉を積極的に増進するよう努めます。

（子どもの発達保障）

2．私たちは、養護と教育が一体となった保育を通して、一人ひとりの子どもが心身ともに健康、安全で情緒の安定した生活ができる環境を用意し、生きる喜びと力を育むことを基本として、その健やかな育ちを支えます。

（保護者との協力）

3．私たちは、子どもと保護者のおかれた状況や意向を受けとめ、保護者とより良い協力関係を築きながら、子どもの育ちや子育てを支えます。

（プライバシーの保護）

4．私たちは、一人ひとりのプライバシーを保護するため、保育を通して知り得た個人の情報や秘密を守ります。

（チームワークと自己評価）

5．私たちは、職場におけるチームワークや、関係する他の専門機関との連携を大切にします。
　また、自らの行う保育について、常に子どもの視点に立って自己評価を行い、保育の質の向上を図ります。

（利用者の代弁）

6．私たちは、日々の保育や子育て支援の活動を通して子どものニーズを受けとめ、子どもの立場に立ってそれを代弁します。
　また、子育てをしているすべての保護者のニーズを受けとめ、それを代弁していくことも重要な役割と考え、行動します。

（地域の子育て支援）

7．私たちは、地域の人々や関係機関とともに子育てを支援し、そのネットワークにより、地域で子どもを育てる環境づくりに努めます。

（専門職としての責務）

8．私たちは、研修や自己研鑽を通して、常に自らの人間性と専門性の向上に努め、専門職としての責務を果たします。

社会福祉法人　全国社会福祉協議会
全国保育協議会
全国保育士会

● 子どもの最善の利益の尊重

　この項目は、倫理綱領のもっとも基盤にある精神と目的を表現しています。以下の項目もすべて子どもの最善の利益につながります。保育者はこのことを単なるスローガンとしてではなく、日々の実践において、一人ひとりの子どもの「最善の」利益を「第一に」考え、実践していかなければなりません。

● 子どもの発達保障

　保育という乳幼児へのかかわりは、生命の保持と情緒の安定を支援する「養護」と、知・徳・体の発達の支援である「教育」が一体となったものです。保育者はこの営みを通して、健康と安全と心の安定という生きる基盤を保障し、その上で子ども一人ひとりの可能性を最大限に実現するよう努め、子どもに生きていく喜びと力を育まなければなりません。

● 保護者との協力

　子どもは、家庭と園で育っています。子どもの生活の連続性を保障するためには、特に家庭と連携して保護者との協力のもとに、子どもの育ちを支え、子育てを支えていかなければなりません。子どもにとって好ましくない保護者の状況が見られるときには、保育者は子どもと保護者のおかれた状況や意向を受け止めて、その立場や気持ちに寄り添いながら、保護者との信頼関係と協力関係を築くことによって問題を解決していかなければなりません。

● プライバシーの保護

　プライバシーの保護とは、「保育を通して知り得た個人の情報や秘密を守る」という単なる実務上のきまりではありません。子どもや保護者の立場に立って、ある情報や秘密をほかの人たちに知られたり、目にふれさせたくないという心情をくみ取り、一人ひとりの子どもと保護者の在り方をていねいに尊重するということです。こうした、子どもや保護者一人ひとりの基本的な権利の尊重は、子どもをよりよく育む上での基本的な前提です。

　近年、インターネットの広がりとスマートフォンなどのモバイル端末の進歩によって、インターネット上で人々のつながりを構築する、SNS（Social Networking Service）が爆発的に普及し、個人的な文章や写真、動画などを簡単に発信できるようになりました。こうしたことは、保育者間のネットワークを広げて保育者の専門性を高めるツールになる可能性をもっており、そうした使い方もすでにされはじめています。しかし、一方で、子どもや家庭の状況、あるいは園の状況を漏らしたり、倫理的な配慮をせずに子どもの園生活の写真や動画をインターネット上にアップロードしたりする問題が急増しています。こうしたことはその保育者が懲戒解雇などの処分を受けるといったことだけでなく、そもそも子どもや保護者の人権の尊重にかかわることであり、場合によっては子どもや保護者を危険にさらします。また園の正常な運営に支障をきたすことがあります。SNSやインターネットの利用において、園が公式に情報公開する場合を除いて、職務にかかわる内容を個人的に公開することは絶対に避けなければなりません。

● チームワークと自己評価

幼稚園や保育所の仕事は、組織的な営みです。したがって、組織として保育の質を保障し改善していく仕組みが必要です。そのために保育者間のチームワークをもとに保育の質を向上させいくことが大切です。その仕組みとして、具体的に、できるだけ客観的な基準で自己評価を行い、それを保育者間で共有し、保育の質を高めていかなければなりません。

● 利用者の代弁

代弁は、文字どおり代わりに述べることです。日本にも広まってきた言葉でもありますが、advocate（アドボケイト）する、ということであり、それをする人を advocator（アドボケイター）と呼びます。

子どもは、最善の利益が尊重され、最大限の育ちが保障されるという権利をもっています。しかし、乳幼児がそれを自分で意見表明するということはむずかしいことです。したがって、保育者がその専門的な観点から、子どもの真のニーズを理解し、受け止め、子どもの代わりに意見を述べたり、課題に対処したりする必要があります。また、保護者であっても、自らの真のニーズを見出すことは簡単ではありません。保育者は、保護者の言葉や行動から、その背後にあって保護者自身も気がついていない、本当に求めていることを見出し、保護者に対してもアドボケイターの役割を果たすことが望まれます。

● 地域の子育て支援

保育者は、在園児やその保護者だけでなく、地域で子育てをしている家庭も支援します。ただしそれは、幼稚園や保育所が子育てのすべてを請け負うということではありません。地域の人々や関係機関と連携、協働しながら子育てを支援し、そのネットワークによって、地域で子どもを育てる「環境づくり」に努めるということです。そのことを通じて、保護者の子育て力を引き出す（エンパワメントする）のです。保育者には、かつて地域社会がもっていた子どもを育む力をコーディネートする役割が期待されているのです。

● 専門職としての責務

以上のようなさまざまな課題に対して、より適切に向き合って専門職としての責務をより高いレベルで果たしていくためには、研修や自己研鑽を通して、「常に」自らの「人間性」と「専門性」の向上に努めなければなりません。私たちは誰もパーフェクトではありません。だからこそ、成長する意志を放棄してはならないのです。

以上、倫理綱領について述べてきましたが、こうしたことを実践と無関係なきれいごとのように扱うのでなく、保育現場で生きて働く基準とするために、実践的に取り組んでいかなければならないのです。その際、全国保育士会の『保育所・認定こども園等における人権擁護のためのセルフチェックリスト――「子どもを尊重する保育」のために』[4] がとても参考になります。確認しておくとよいでしょう。

演習課題 1　自分の保育者としてよいところを書き出してみよう。　　[個人からグループ]

✏ STEP ①　自分の保育者としてよいところだと思えることを、できるだけ書き出してみよう。

```



```

✏ STEP ②　グループで出し合ったものを発表し、お互いにほかの人のよいところを多く見つけ
　　　　　出してみよう。

演習課題 2　「保育者の専門性とは何か」について具体的に考えてみよう。　[個人からグループ]

✏ STEP ①　「保育者の専門性とは何か」について具体的に考え、まとめてみよう。

```



```

✏ STEP ②　グループあるいはクラスでお互いに STEP ①について 1 分間スピーチをして学び合おう。

演習課題 3　プライバシーの保護について話し合ってみよう。　　[個人からグループ]

✏ STEP ①　子どもの個人情報や園の情報の保護の観点から、SNS 上でしてはならないことを、一
　　　　　人一つずつ具体的にあげてみよう。

```


```

✏ STEP ②　STEP ①であげたことをグループで順番に出し合い発表しよう。できるだけ多くあげ、
　　　　　グループ同士で発表し合おう。

この章の学習をおえて ━━━● この章で学んだことをまとめてみよう

```
--------------------------------------------------------------
--------------------------------------------------------------
--------------------------------------------------------------
--------------------------------------------------------------
--------------------------------------------------------------
--------------------------------------------------------------
--------------------------------------------------------------
--------------------------------------------------------------
--------------------------------------------------------------
```

第11章 問題解決の案内

　本章のコラム（p.128）で自己研鑽の方法の一つについて述べましたが、専門性を高めるには、以下の文献が教えてくれるように、ほかにもさまざまな方法があります。自己研鑽に努める際には、その場を何とかやり過ごすテクニックを覚えるといったことに陥らないように、子どもをもっと理解することや、子ども自らの育ちをもっと援助することなどに留意して、日々の保育を展開するように考え、行動し、振り返りましょう。

『保育実践へのナラティヴ・アプローチ―保育者の専門性を見いだす4つの方法』

二宮祐子、新曜社、2022

　日々の連絡帳やクラスだより、子どもの絵や劇などの分析を通じて、子どもとの相互作用に埋め込まれた保育者の専門性にナラティヴ（物語）・アプローチから迫る。ナラティヴ・アプローチを学ぶための良書でもある。

『他者を支援する人はいかに成長するのか―心理臨床、福祉・障害、教育・保育の現場で働く支援者の軌跡』都筑学編、ナカニシヤ出版、2021

　臨床心理、福祉・障害、教育・保育の現場で働く20人の支援者が悩みながら被支援者と向き合う中で成長してきた実際の物語から、対人援助専門職としての成長について考える。

『保育記録の機能と役割―保育構想につながる「保育マップ型記録」の提言』

河邉貴子、聖公会出版、2013

　保育の専門性を高めるための保育記録の在り方について保育者の成長とともに描いてあり、記録が保育の構想のもとになり、それが保育の質の向上につながることがわかる。

第12章

自分の保育者像を 目指して

　みなさんは幼稚園や保育所での実習や学校での講義を受けることによって保育に対する理解が深まり、保育に対するやりがいやむずかしさを感じていると思います。また、その中で自分の理想とする保育も漠然としながら見えているはずです。その理想とする保育を実践するためには、どんな保育者でありたいか考える必要があります。

　この章では、自分の保育者像についてとらえることをねらいとしています。そのために、「保育者とは何か?」「保育者とはどのような存在なのか?」「保育者としてあるべき姿とは?」を先達の保育理論、法や制度で求められる保育などを考慮して考え、自分の保育者像をとらえていきます。

1 保育者像とは

1．保育者像をもつことの意味

　幼稚園教諭免許、保育士資格を取得した時点で一人前の保育者であると自覚する人は少ないでしょう。また、保育現場に身をおいたとしても熟練の保育者の技量を目の当たりにして、自分の保育における未熟さを感じると思います。保育実践での自分の拙さを実感することで、保育実践において十分な技量を身につけた先輩保育者に対して憧れを抱くはずです。その先輩保育者に抱く憧れこそ、自分の保育者像を創造する上での出発点です。みなさんがよい保育者になりたいと考えるならば、自分の保育者像をもつことは必要不可欠なことです。自分の保育者像を創造し形成することは、その保育者像に向けて保育における修練する機会を与え、よりよい保育者に近づく第一歩になるからです。

　また、保育現場の中での保育者は、日々の保育において子どもや保護者への援助に追われ、一日が目まぐるしく過ぎていきます。その中で、保育者は忙しさのあまり作業の効率化に目を奪われ、子どもの育ちを考えず保育者主体の保育になってしまうことがあります。このようなことに陥らないためにも理想とする保育者像をもち、日々の保育に埋没することなく、常に保育者としてあるべき姿をイメージして保育することが大切です。

　さらに、自分の保育者像を目指す姿勢は、常に自分の保育実践を振り返り、貪欲に多くの保育に関する専門的知識・技術を吸収し新たな保育観の出会いに誘うでしょう。新たな保育観との出会いは、今までの保育者像よりも保育者としてより習熟した高い段階での保育者像を形成することにつながると思います。

2．拡大・深化する保育者像、創造される保育者像

　保育者である（あるいは保育者を目指している）多くの人がはじめて思い描く保育者像は、子どものときに自分が在園していた幼稚園や保育所などで出会った保育者ではないでしょうか。現に、私が所属する保育者養成校の学生の多くは、そこで出会った保育者に憧れて入学しています。学生に対してどんな保育者であったかたずねると、多くの学生が一様に「自分のことを気にかけてくれるやさしい保育者だった」と答えます。今度は、卒業間近の学生の多くが就職試験の履歴書において「将来の保育者像について」という内容を書く際に「子ども一人ひとりを理解して、子どもの個性に応じた保育を実践できる保育者」として表現しています。入学当初の学生と卒業間近の学生の保育者像の変化を実感し、学生の育ちが見られる瞬間です。

　入学したばかりの学生と卒業間近の学生の保育者像の変化した理由を考えます。入学したばかりの学生は、「自分のことを気にかけてくれるやさしい保育者だった」と保育者像

が抽象的です。それに対して卒業間近の学生は、入学当初の抽象的な「自分のことを気に
かけてくれるやさしい保育者」という保育者像のとらえ方から、保育者像の輪郭が明確に
なって「子ども一人ひとりを理解して、子どもの個性に応じた保育を実践できる保育者」
と、より保育者像を具体的にとらえるようになっています。つまり、抽象的にとらえた保
育者像が、保育に対する理解の深化とともにより具体的な保育者像としてとらえることが
できています。保育に対する理解の深化は、保育者養成校に入学してからの講義と教育・
保育実習などの保育実践による専門的知識・技術の習得によるものです。その結果、学生
が「自分のことを気にかけてくれるやさしい保育者」とは保育実践ではどのようなことな
のか、より具体的に考えることができたのです。

　保育者像の変化の形態はさまざまです。上述のように抽象的にとらえていた保育者像が
保育に対する理解の深化によって輪郭が明確になることがあります。また、保育に対する
専門的知識・技術が不十分で保育の一部分しか知らずにとらえていた保育者像が、新たな
知識や技術の習得によって保育に対する考え方が広がり、保育を広い視野で大きくとらえ
ることができる保育者像に拡大したりもします。ですから、保育者が経験したもしくはこ
れから経験する保育体験、保育に関する学習によって保育者像は「深化」または「拡大」
していきます。それには、日常の保育実践を常に振り返り省察することで保育の意味を集
積して、保育に関する一般論としての知識などを学習することが大切です。

　さらに、保育者像は自分が経験したことがない新たな保育実践の体験においても変化し
ます。そのためには、積極的にいろいろな保育実践を経験しようと挑戦する意欲が大切で
す。たとえば、近年、保育者の求められる職務として地域の子育て支援における相談支援
業務などがあります。このように子どもの保育以外の相談支援業務に挑戦することは、子
育てに不安をもつ保護者の理解といった新たな保育の知見を得ることができ、今の自分の
保育者像の枠を超えた新たな保育者像を「創造」することにつながります。

column　憧れを抱く人物に出会うこと

　ある新聞記事に女子中学生の陸上競技選手の話題が載っていました。彼女は全国女子駅伝の県
代表に選ばれるなど将来有望なランナーで、小学校から陸上をはじめてから今まで一度も走るこ
とを嫌だと思ったことがないそうです。その彼女を指導する先生は走ることを楽しんで練習した
ことが力をつけた理由ではとコメントしていました。
　私がこの記事で注目したことは彼女を教える先生の指導方針でした。先生は彼女に元オリンピッ
ク選手に引き合わせるなど、彼女に対して将来のビジョンを見せて競技に対する向上心をもたせ
ていたのです。その結果、彼女はトップアスリートに出会うことによって自分もその選手のよう
になりたいと憧れを抱き、オリンピックに出ることを目標としています。そして、彼女にとって
練習は苦しいものではなく憧れの選手に一歩でも近づく楽しい作業なのでしょう。
　将来、憧れを抱く人物に出会う素晴らしさをこの記事で再確認したような気がします。みなさ
んも憧れを抱く保育者と出会い、その保育者を目指して保育を楽しみながら成長してほしいと思
います。

2 保育者像を形成するもの

　自分の保育者像とは自分の保育者としてあるべき姿をとらえたものです。保育者として
あるべき姿とは、自分の保育についての見方・考え方に対して真摯に向き合い実践する保
育者のことではないかと考えます。そのため、自分の保育者像を形成するために必要なこ
とは、保育についての見方・考え方である保育観をとらえることです。保育観は保育者像
をとらえるための柱となる要素です。

　また、保育者像とは自分の保育観に基づく保育が実践できている保育者をイメージして
います。専門職である保育者は保育実践において保育における専門的知識・技術を用いま
す。つまり、保育者が自分の保育観に基づく保育実践を行うためには、保育者の専門的知
識・技術の習得と熟達が必要です。

　さらに、保育者像をとらえるためには、日々の保育実践の行動規範となるべき保育者と
しての倫理観、社会から望まれる専門職像を目指す保育者としての姿勢も必要です。

　したがって、自分の保育者像を形成するものは、①保育観、②保育における専門的知
識・技術、③倫理観、④保育者としての姿勢があげられます。以下は具体的に保育観、保
育の専門的知識・技術、倫理観、保育者としての姿勢などをとらえる視点を取り上げま
す。

1．自分の保育観をとらえる視点

　自分の保育観をとらえる際、みなさんは現場の保育者の保育に対する考え、幼稚園や保
育所での保育方針・目標などを真っ先に考えると思います。身近にいる経験豊かな保育者
のすばらしい保育実践を見て、いつかこのような保育を行いたいと憧れを抱くことは自然
なことです。また、自分が出会った保育者をモデルにするだけでなく、現在の保育の原点
となるような保育観を構築した先達をモデルにすることでも自分の保育観をとらえること
ができます。

　また、幼稚園や保育所で保育を行う場合、法や制度によって求められる保育があります。
たとえば、「幼稚園教育要領」や「保育所保育指針」では、子ども一人ひとりの特性
に応じた環境を構成し、子どもの主体的な活動を保障する保育が求められています。その
ためには、保育者の設定した枠の中に子どもを無理にはめ込むような、保育者主体の保育
を保育観としてとらえることは好ましくありません。保育者として求められることは、保
育者が子どもの思いや欲求などを理解して幼稚園や保育所において子どもが生き生きと自
ら活動できるような子ども主体の保育を行う保育観をもたなければなりません。

　そこで、保育観を構築するためには保育の原点ともいえる先達の保育に対する理念、法
や制度で求められる保育の方針・目標などを考慮する必要があります。それは先達が保育

に対して熟考を重ねて子どもの健やかな成長を願って生み出した保育観であり、社会が求める子どもの育ちを示した保育に対する羅針盤のようなものであるからです。

　以下は保育観を形成するために必要な、さまざまな観点からの保育観を紹介します。

(1) 先達の保育観をとらえる

① F. W. フレーベル

　フレーベル（1782 ～ 1852）はドイツで生まれ、19 世紀半ばにはじめて幼稚園をつくった人物です。フレーベルは子どもの「遊び」に注目して、教師と子どもの共同体的な関係のもと、「遊び」を中心とした教育を実践しています。フレーベルは主著『人間教育』の中で万物の内に「神性」が常住している考え（児童神性論）を述べ、「神性」を人間の中の神と同じように創造し、働き、表現する力であることを示しました。フレーベルは、子どもの「神性」を表現させることが教育の役割であり、教授よりも子どもの自発性を重視し、知識の伝達よりも子どもの自分でやろうという欲求を、教師の助言や刺激によって引き出すことが真の教育であると述べています。

　フレーベルは子どもの遊びこそもっとも自己を表現できる創造的な活動であると考えました。また、子どもの遊びのもつ教育的な意味と価値を見出し、子どもが遊びながら神を知る教育遊具である恩物（Gabe）を考案し、当時の日本の幼児教育に恩物が導入されるなど大きな影響を与えています。

② 倉橋惣三

　倉橋惣三（1882 ～ 1955）は 1917（大正 6）年に東京女子高等師範学校附属幼稚園（現お茶の水女子大学附属幼稚園）の主事となり、保育者とともに新しい保育を実践して子ども中心の保育理論を提唱し日本の幼児教育に大きな影響を与えた人物です。倉橋は、当時主流だったフレーベルの恩物を中心とした幼児教育において、形骸化した恩物の使われ方を批判し、子どもの自発的な活動を大切にする保育が必要と考え、誘導保育論といった新しい保育理論を打ち出しました。

　倉橋は子どもの普段の生活が幼稚園での生活において展開しなければならないという考えのもと、「生活を、生活で、生活へ」と誘導保育論を表す言葉を残しています。そして、誘導保育論の方法を「幼児のさながらの生活―自己充実（設備・自由）―充実指導―誘導―教導」という図式で示しています。「幼児のさながらの生活」では、子どもが自らの活動を充実させる力をもっているものととらえたのです。そして、幼稚園の生活で「自己充実」の力を十分に発揮させるためには、園生活において子どもに対する「自由」の保障と保育者の配慮の行き届いた「設備」が必要であることを示しています。しかし、子どもの中には自分の力で「自己充実」をしたくてもできない子どもがおり、その子どもに対し指導することを「充実指導」と表しています。さらに、子どもの中には自分で何もしようとしない子どもがいたり、子どもの生活がどうしても刹那的・断片的になりやすく、その場の興味に流されてしまうこともあります。その場合において、倉橋は子どもの生活に中心を与え、系統づけてやることで、子どもの興味をいっそう深くし、生活をよりいっそう発

展させることを「誘導」と呼んでいます。最後の段階の「教導」は子どもに保育者が先頭に立ち知識や技術を教えるものであり、主として学校で行われ、幼稚園では最後に少しだけ行われるものとされました。

（2）法が規定する保育者に求められる保育をとらえる

① 幼稚園教諭

　幼稚園教諭は「教育職員免許法」第2条において「この法律において「教育職員」とは、学校（学校教育法（昭和22年法律第26号）第1条に規定する幼稚園、小学校、中学校、義務教育学校、高等学校、中等教育学校及び特別支援学校（第3項において「第1条学校」という。）並びに就学前の子どもに関する教育、保育等の総合的な提供の推進に関する法律（平成18年法律第77号）第2条第7項に規定する幼保連携型認定こども園（以下「幼保連携型認定こども園」という。）をいう。以下同じ。）の主幹教諭（幼保連携型認定こども園の主幹養護教諭及び主幹栄養教諭を含む。以下同じ。）、指導教諭、教諭、助教諭、養護教諭、養護助教諭、栄養教諭、主幹保育教諭、指導保育教諭、保育教諭、助保育教諭及び講師（以下「教員」という。）をいう」とされ、学校の教員としての身分です。

　「学校教育法」第27条では「幼稚園には、園長、教頭及び教諭を置かなければならない」と述べられ、幼稚園は幼稚園教諭を配置しなければならないことが義務づけられています。その幼稚園の教育内容としては、「学校教育法」第22条において「幼稚園は、義務教育及びその後の教育の基礎を培うものとして、幼児を保育し、幼児の健やかな成長のために適当な環境を与えて、その心身の発達を助長することを目的とする」と幼稚園の目的が示されています。また、その目的を達成するために「幼稚園教育要領」「第1章　総則」では「幼児期の教育は、生涯にわたる人格形成の基礎を培う重要なものであり、幼稚園教育は、学校教育法に規定する目的及び目標を達成するため、幼児期の特性を踏まえ、環境を通して行うものであることを基本とする」とされ、さらに子どもの主体的な活動の確保、自発的な活動としての遊び、子ども一人ひとりの特性と発達課題に即した指導といった幼稚園教育の基本的な考えが述べられています。したがって、幼稚園教諭は幼児期の特性を踏まえた遊びを中心とした教育、子どもの主体的な活動の確保と子ども一人ひとりの特性に基づいて構成された環境を通した教育が求められます。また、2005（平成17）年の中央教育審議会答申では「子どもの最善の利益のために幼児教育を考える」と述べられ、幼稚園での教育を子どもの最善の利益を前提とした考えで行われることが示されています。

　「学校教育法」第22条で示された教育目的を実現するために、同法第23条で幼稚園の教育目標が示され、これに対応して「幼稚園教育要領」においては、①健康、②人間関係、③環境、④言葉、⑤表現の5領域が構成されています。「幼稚園教育要領」の「第2章　ねらい及び内容」では、この章のねらいを「幼稚園教育において育みたい資質・能力を幼児の生活する姿から捉えたもの」、内容を「ねらいを達成するために指導する事項」と定め、幼稚園教育が何を意図して行われるのか明確に述べています。そして、そのねらいと内容は幼児の発達の側面から①健康、②人間関係、③環境、④言葉、⑤表現の5領域

で編成されています。すなわち、小学校以降の教育の基礎を養うために、小学校就学前までに育みたい資質・能力と指導事項を幼児期の発達の側面から編成したものが5領域であるといえます。

学校教育法第23条

　幼稚園における教育は、前条に規定する目的を実現するため、次に掲げる目標を達成するよう行われるものとする。

1　健康、安全で幸福な生活のために必要な基本的な習慣を養い、身体諸機能の調和的発達を図ること。

2　集団生活を通じて、喜んでこれに参加する態度を養うとともに家族や身近な人への信頼感を深め、自主、自律及び協同の精神並びに規範意識の芽生えを養うこと。

3　身近な社会生活、生命及び自然に対する興味を養い、それらに対する正しい理解と態度及び思考力の芽生えを養うこと。

4　日常の会話や、絵本、童話等に親しむことを通じて、言葉の使い方を正しく導くとともに、相手の話を理解しようとする態度を養うこと。

5　音楽、身体による表現、造形等に親しむことを通じて、豊かな感性と表現力の芽生えを養うこと。

　また、「幼稚園教育要領」の第2章では「各領域に示すねらいは、幼稚園における生活の全体を通じ、幼児が様々な体験を積み重ねる中で相互に関連をもちながら次第に達成に向かうものであること、内容は、幼児が環境に関わって展開する具体的な活動を通して総合的に指導されるものであることに留意しなければならない」とそれぞれの領域が独立して指導されるのではなく、各領域が相互関連しながら総合的に指導することが求められています。

② 保育士

　保育士は「児童福祉法」に規定されている保育所、児童養護施設、障害児入所施設などの児童福祉施設で、児童の保育や養護を直接的に担う職種です。法的には、「児童福祉法」第18条の4において「第18条の18第1項の登録を受け、保育士の名称を用いて、専門的知識及び技術をもつて、児童の保育及び児童の保護者に対する保育に関する指導を行うことを業とする者をいう」と規定され、子どもに対する保育だけでなく、子どもの保護者に対する支援を行うことが求められています。

　保育所保育士として保育を行う場合は、保育所の保育内容や運営について定めた「保育所保育指針」を考慮した保育が求められます。その「第1章　総則」において基本的な考えが示されています。その中で「1　保育所保育に関する基本原則」「(1) 保育所の役割」には、ア. 保育所保育の目的、イ. 保育所の特性、ウ. 子育て支援、エ. 保育士の専門性に関する内容が述べられています。ア. 保育所保育の目的では、保育所が子どもの最善の利益を守り子どもを心身ともに健やかに育てる責任があることを示しています。また、子どもの最善の利益を考慮した乳幼児にもっともふさわしい生活の場を提供することも述べています。イ. 保育所の特性では、保育士をはじめとする看護師、栄養士などの専門性

を有する職員の保育、家庭と協働して子どもを育む保育、子どもの個人差に配慮する発達過程に応じた保育、環境を通して行う保育、養護と教育が一体化した保育の必要性が示されています。ウ．子育て支援では、保育所に入所している子どもの保護者に対する支援および地域の子育て家庭に対する支援を行う役割を担うものとされています。エ．保育士の専門性では、専門的な知識・技術を活用して子どもを保育するとともに保護者支援にあたり、さまざまな保育場面での判断は倫理観に裏づけて行う必要性が述べられています。

　また、「保育所保育指針」の「第1章　総則」の「1　保育所保育に関する基本原則」「（2）保育の目標」では、保育所保育の目標として（ア）〜（カ）までの6つを示しています。（ア）では養護にかかわる目標、（イ）が健康、（ウ）が人間関係、（エ）が環境、（オ）が言葉、（カ）が表現にかかわる目標で構成されています。（ア）は養護、（イ）〜（カ）が5領域に関する教育についての目標になっており、保育所保育が養護と教育が一体となった保育を行う特色を表しています。

2．保育者の専門的知識・技術をとらえる視点

　ここでは、保育観に基づく保育実践をするために必要な保育に関する専門的知識・技術を理解します。一般的にとらえられる専門的知識・技術として「保育所保育指針」に基づいて取り上げたいと思います。

　「保育所保育指針」での保育者の専門性については前項で述べましたが、さらに保育士の専門的な知識・技術についての具体的な解釈として、図表12-1で示される6つの項目の専門性とその内容を参照してください[1]。

項目	専門性	内容
①	これからの社会に求められる資質を踏まえながら、乳幼児期の子どもの発達に関する専門的知識を基に子どもの育ちを見通し、一人ひとりの子どもの発達を援助する知識および技術	子どもの発達を援助する知識・技術
②	子どもの発達過程や意欲を踏まえ、子ども自らが生活していく力を細やかに助ける生活援助の知識および技術	基本的な生活習慣の知識・技術
③	保育所内外の空間やさまざまな設備、遊具、素材等の物的環境、自然環境や人的環境を生かし、保育の環境を構成していく知識および技術	環境構成の知識・技術
④	子どもの経験や興味や関心に応じて、さまざまな遊びを豊かに展開していくための知識および技術	遊びの知識・技術
⑤	子ども同士のかかわりや子どもと保護者のかかわりなどを見守り、その気持ちに寄り添いながら適宜必要な援助をしていく関係構築の知識および技術	人間関係構築の知識・技術
⑥	保護者等への相談、助言に関する知識および技術	子育て支援の知識・技術

図表12-1　保育士の6項目の専門性とその内容

3．保育者の倫理観をとらえる視点

　上述した「保育所保育指針」の「第1章　総則」の「1　保育所保育に関する基本原

則」「（1）保育所の役割」では保育士の専門性について専門的知識と技術および判断において倫理観がその行動規範であることを示しています。保育者が自分のもつ専門的知識・技術を用いて保育実践を行うに際し、子どもや保護者などのプライバシーを侵したり、子どもの最善の利益を考えずに支援することなど、倫理に反することを行ってはいけません。意識的に倫理に反する行為を行うことが保育者としてあるまじき行為であることはいうまでもありませんが、無知が故に無自覚のうちに行ってしまう場合もあります。そのような事態に陥らないためには、保育に関する専門的知識・技術のほかに保育者として求められる倫理観を養う必要性があります。保育者は日々の保育場面で倫理観に基づく判断によって、保育実践することが求められています。

　保育者として求められる倫理観は、全国保育士会で策定された「全国保育士会倫理綱領」を参照しましょう（本書、p.130参照）。倫理観を養い保育を実践することは保育者として求められる資質です。

4．保育者としての姿勢をとらえる視点

　保育者は健やかな子どもの育ちを支援する大きな責任をもった専門職です。そのために保育者は、専門職としてあるべき姿勢が求められます。第11章では保育者の資質として3つのスキルについて確認してきましたが（本書、p.125参照）、ここでは全国保育士養成協議会（以下、保養協）で示す保育士に望まれる専門職像を参考にとらえていきたいと思います。

　保養協では、保育士に望まれる専門職像として「成長し続け、組織の一員として協働する、反省的実践家」[2] を提示しています。ここでの反省的実践家（本書では「省察的実践者」）とは、ショーンの「省察的実践者（reflective practitioner）」（本書、p.10、77、124参照）の専門職観に基づき、「振り返りの専門性」として4つの側面から構成された専門職像です。4つの側面には①専門的知識・技術の振り返り、②保育の事後の振り返り、③保育行為の瞬間瞬間の振り返り、④クライアントの関係性の振り返りを視点として提示しています。

　また、保養協では「保育士を成長する存在ととらえて、『成長し続ける』ことを専門性の一つと考えたい」と述べています。保育士は保育者としての最終的な完成形はなく、よりよい専門家であるために絶えず「成長し続ける」ことが必要であることを示しています。

　さらに保育士のあるべき姿として、保育士が集団で保育を行い「協働」と「同僚性」をもってよりよい保育実践をしなくてはならないと述べています。「協働」とは「保育所及び保育者に課せられた保育課題をより効果的・効率的に達成していくために、保育士が同僚保育士と協力的・相互依存的にかかわり合うこと」であり、「同僚性」とは「保育実践の創造と相互の研修を目的とし、相互に実践を批評し高め合う同僚関係」と述べています。保育士が「組織の一員」として保育の理念や方針を共有してお互いに高め合いながら保育を営む必要性を述べています。

3 それぞれの保育者像

　この節では、具体的に保育者像を形成する要素（図表12-2）を踏まえながら、自分の保育者像をとらえるための思考過程を身につけましょう。

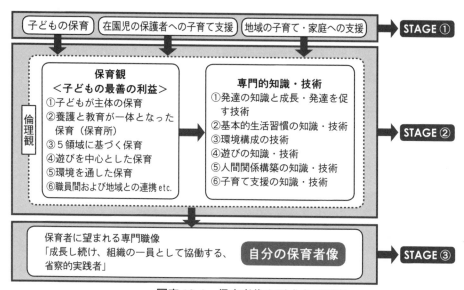

図表 12-2　保育者像を形成する要素

　まず、STAGE①として保育者が活動する場面をあげています。「幼稚園教育要領」および「保育所保育指針」を参考に「子どもの保育」「在園児の保護者への子育て支援」「地域の子育て・家庭への支援」の3つの活動場面をあげています。理想的には、すべての活動場面を想定した保育者像をあげるべきですが、保育者の現状を考えると、自分の配属されているところに応じて場面を想定してください。例として下記のようにここでは「子どもの保育」を選択し、考えてみることにしましょう。

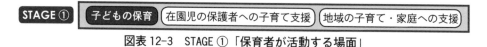

図表 12-3　STAGE①「保育者が活動する場面」

　次に、STAGE②の段階①として「保育観」を考えます。「保育観」とは保育についての見方・考え方です。具体的に「保育観」をとらえるならば、幼稚園や保育所での子どもの健やかな育ちのために、どのような保育方法をとったらよいのか考えることです。考える視点としては、保育現場の保育者の保育に対する姿勢、幼稚園や保育所での保育方針・目標などを参考にするとよいでしょう。

　また、最低限、考慮されるべき「保育観」として、前述した法や制度で求められる保育方針・目標などを考慮します。たとえば、幼稚園や保育所では「子どもの最善の利益」に

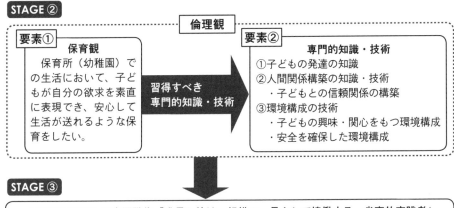

図表 12-4　STAGE ②「倫理観」から STAGE ③「自分の保育者像」へ

基づいて「子どもが主体の保育」「養護と教育が一体となった保育」「5 領域に基づく保育」「遊びを中心とした保育」「環境を通した保育」「職員間の連携」などが保育方針および目標としてあげられています。これらの内容を考慮して、図表 12-4 の STAGE ②、要素①のように自分の「保育観」をとらえます。

　さらに、STAGE ②の第 2 段階として、第 1 段階にあげた「保育観」を実現するために、どんな専門的知識・技術が必要か考えます（図表 12-4、要素②）。ここでは、保育者の専門的知識・技術について『保育所保育指針解説』の保育士の専門性を参考にします。『保育所保育指針解説』では保育者の専門性として、①子どもの発達を援助する知識・技術、②基本的な生活習慣の知識・技術、③環境構成の知識・技術、④遊びの知識・技術、⑤人間関係構築の知識・技術、⑥子育て支援の知識・技術の 6 項目があげられています。自分の保育観を実現させるためには、どの専門的知識・技術の習得が必要か『保育所保育指針解説』の保育士の専門性の項目を参考にできるだけ具体的に考えてみてください。

　また、STAGE ②の「保育観」「専門的知識・技術」を考える際には、保育者としての倫理観を考慮しなければいけません。全国保育士会の「全国保育士会倫理綱領」（本書、p.130 参照）などを考慮して「保育観」と「専門的知識・技術」についてとらえてください。

　STAGE ②の第 1 段階である「保育観」と第 2 段階の「専門的知識・技術」の習得した状態を合わせたものが STAGE ③の「自分の保育者像」として完成されます。また、保育者像の中に必ず入れなければならない専門職像として、保養協で示された「成長し続け、組織の一員として協働する、省察的実践者」としての姿勢をもつことが大切です。

演習課題 1　自分の目指す保育者像を考えてみよう。　　　個人

　自分の目指す保育者像をとらえてみましょう。第3節の STAGE ①～③の保育者像を形成する過程を参考にして取り組んでみよう。

✏️ **STEP ①**　保育場面を選択しよう。

✏️ **STEP ②**　保育観をとらえよう。

✏️ **STEP ③**　専門的知識・技術をとらえよう。

✏️ **STEP ④**　自分の保育者像をとらえよう。

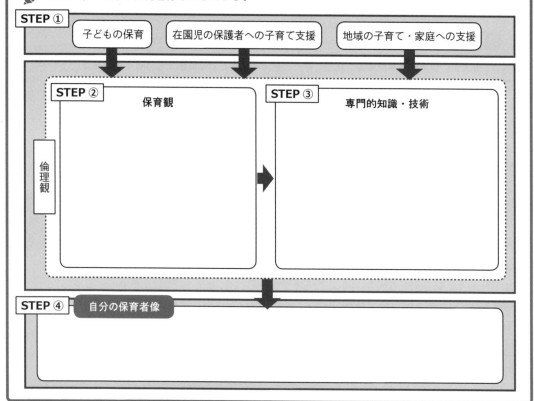

演習課題 2　グループでお互いの保育者像についてカンファレンスしてみよう。　　グループ

　演習課題①で自分の保育者像をとらえたら、次はグループでお互いの保育者像についてカンファレンスしてみよう。グループからの意見によって自分の保育者像、保育観や専門的知識・技術についての理解が深化したり視野が広がり、またグループのメンバーの保育者像、保育観や専門的知識・技術を知ることによって、新たな保育者像の創造にもつながるだろう。

✏️ **STEP ①**　自分の保育者像、保育観、専門的知識・技術について発表してみよう。

✏️ **STEP ②**　グループのメンバーが発表した保育者像、保育観、専門的知識・技術について、疑問点などを質問したり、意見を述べてみよう。

✏️ **STEP ③**　グループの意見などをまとめ、自分の保育者像を再考してみよう。

この章の学習をおえて ━━━━● この章で学んだことをまとめてみよう

第 12 章 問題解決の案内

　自分の保育者像は保育経験を積み重ね専門的知識・技術などが向上していくたびに変化していきます。そのため、保育者として保育をする限り、日々の保育実践の振り返りによって成長し続けることが大切です。

　また、保育者像をとらえる際に、あまりに高い保育者像を設定すると、思い描く保育を実践することができずに形骸化してしまうことがあります。それには、自分の手の届く保育者像を設定することが重要になります。

『幼稚園真諦』倉橋惣三、フレーベル館、1976

　誘導保育論などの倉橋惣三の保育に対する理論と思想の基本となる図書である。幼児教育の原点ともいえる書籍であり、保育者を目指す人たちは倉橋の保育に対する考えを理解して、自分の保育者像をとらえてほしいと思う。

『保育所保育指針・幼稚園教育要領・幼保連携型認定こども園教育・保育要領―解説とポイント』
ミネルヴァ書房編集部編、ミネルヴァ書房、2018

　「幼稚園教育要領」「保育所保育指針」「幼保連携型認定こども園教育・保育要領」の解説書である。幼稚園、保育所、幼保連携型認定こども園でのあるべき保育を理解することは、そこで保育を実践する保育者として必須である。この書籍では「幼稚園教育要領」「保育所保育指針」「幼保連携型認定こども園教育・保育要領」の要点がわかりやすく解説されている。保育者としてあるべき保育者像をとらえてほしい。

日本国憲法（抄）
1946（昭和21）年11月3日

第10条【国民の要件】
日本国民たる要件は、法律でこれを定める。

第11条【基本的人権】
国民は、すべての基本的人権の享有を妨げられない。この憲法が国民に保障する基本的人権は、侵すことのできない永久の権利として、現在及び将来の国民に与へられる。

第12条【自由及び権利の保持義務、濫用の禁止】
この憲法が国民に保障する自由及び権利は、国民の不断の努力によつて、これを保持しなければならない。又、国民は、これを濫用してはならないのであつて、常に公共の福祉のためにこれを利用する責任を負ふ。

第13条【個人の尊重、生命・自由・幸福追求の権利と公共の福祉】
すべて国民は、個人として尊重される。生命、自由及び幸福追求に対する国民の権利については、公共の福祉に反しない限り、立法その他の国政の上で、最大の尊重を必要とする。

第14条【法の下の平等、貴族制度の廃止、栄典の限界】
すべて国民は、法の下に平等であつて、人種、信条、性別、社会的身分又は門地により、政治的、経済的又は社会的関係において、差別されない。
2　華族その他の貴族の制度は、これを認めない。
3　栄誉、勲章その他の栄典の授与は、いかなる特権も伴はない。栄典の授与は、現にこれを有し、又は将来これを受ける者の一代に限り、その効力を有する。

第15条【公務員の選定罷免権、全体の奉仕者性、普通選挙・秘密投票の保障】
公務員を選定し、及びこれを罷免することは、国民固有の権利である。
2　すべて公務員は、全体の奉仕者であつて、一部の奉仕者ではない。
3　公務員の選挙については、成年者による普通選挙を保障する。
4　すべて選挙における投票の秘密は、これを侵してはならない。選挙人は、その選択に関し公的にも私的にも責任を問はれない。

第19条【思想及び良心の自由】
思想及び良心の自由は、これを侵してはならない。

第20条【信教の自由、政教分離】
信教の自由は、何人に対してもこれを保障する。いかなる宗教団体も、国から特権を受け、又は政治上の権力を行使してはならない。
2　何人も、宗教上の行為、祝典、儀式又は行事に参加することを強制されない。
3　国及びその機関は、宗教教育その他いかなる宗教的活動もしてはならない。

第21条【集会・結社・表現の自由、検閲の禁止、通信の秘密】
集会、結社及び言論、出版その他一切の表現の自由は、これを保障する。
2　検閲は、これをしてはならない。通信の秘密は、これを侵してはならない。

第23条【学問の自由】
学問の自由は、これを保障する。

第25条【国民の生存権、国の生存権保障義務】
すべて国民は、健康で文化的な最低限度の生活を営む権利を有する。
2　国は、すべての生活部面について、社会福祉、社会保障及び公衆衛生の向上及び増進に努めなければならない。

第26条【教育を受ける権利、教育の義務、義務教育の無償】
すべて国民は、法律の定めるところにより、その能力に応じて、ひとしく教育を受ける権利を有する。
2　すべて国民は、法律の定めるところにより、その保護する子女に普通教育を受けさせる義務を負ふ。義務教育は、これを無償とする。

第27条【勤労の権利・義務、勤労条件の基準、児童酷使の禁止】
すべて国民は、勤労の権利を有し、義務を負ふ。
2　賃金、就業時間、休息その他の勤労条件に関する基準は、法律でこれを定める。
3　児童は、これを酷使してはならない。

第97条【基本的人権の本質】
この憲法が日本国民に保障する基本的人権は、人類の多年にわたる自由獲得の努力の成果であつて、これらの権利は、過去幾多の試練に堪へ、現在及び将来の国民に対し、侵すことのできない永久の権利として信託されたものである。

児童憲章
1951（昭和26）年5月5日

われらは、日本国憲法の精神にしたがい、児童に対する正しい観念を確立し、すべての児童の幸福をはかるために、この憲章を定める。

児童は、人として尊ばれる。
児童は、社会の一員として重んぜられる。
児童は、よい環境の中で育てられる。

1　すべての児童は、心身ともに健やかにうまれ、育てられ、その生活を保障される。
2　すべての児童は、家庭で、正しい愛情と知識と技術をもつて育てられ、家庭に恵まれない児童には、これにかわる環境が与えられる。
3　すべての児童は、適当な栄養と住居と被服が与えられ、また、疾病と災害からまもられる。
4　すべての児童は、個性と能力に応じて教育され、社会の一員としての責任を自主的に果たすように、みちびかれる。
5　すべての児童は、自然を愛し、科学と芸術を尊ぶように、みちびかれ、また、道徳的心情がつちかわれる。
6　すべての児童は、就学のみちを確保され、また、十分に整つた教育の施設を用意される。
7　すべての児童は、職業指導を受ける機会が与えられる。
8　すべての児童は、その労働において、心身の発育が阻害されず、教育を受ける機会が失われず、また、児童としての生活がさまたげられないように、十分に保護される。
9　すべての児童は、よい遊び場と文化財を用意され、わるい環境からまもられる。
10　すべての児童は、虐待・酷使・放任その他不当な取扱からまもられる。
あやまちをおかした児童は、適切に保護指導される。
11　すべての児童は、身体が不自由な場合、または精神の機能が不充分な場合に、適切な治療と教育と保護が

与えられる。

12　すべての児童は、愛とまことによつて結ばれ、よい国民として人類の平和と文化に貢献するように、みちびかれる。

教育基本法
1947（昭和22）年3月31日／
（改正）2006（平成18）年12月22日

我々日本国民は、たゆまぬ努力によって築いてきた民主的で文化的な国家を更に発展させるとともに、世界の平和と人類の福祉の向上に貢献することを願うものである。

我々は、この理想を実現するため、個人の尊厳を重んじ、真理と正義を希求し、公共の精神を尊び、豊かな人間性と創造性を備えた人間の育成を期するとともに、伝統を継承し、新しい文化の創造を目指す教育を推進する。

ここに、我々は、日本国憲法の精神にのっとり、我が国の未来を切り拓く教育の基本を確立し、その振興を図るため、この法律を制定する。

第1章　教育の目的及び理念
第1条（教育の目的）　教育は、人格の完成を目指し、平和で民主的な国家及び社会の形成者として必要な資質を備えた心身ともに健康な国民の育成を期して行われなければならない。

第2条（教育の目標）　教育は、その目的を実現するため、学問の自由を尊重しつつ、次に掲げる目標を達成するよう行われるものとする。

一　幅広い知識と教養を身に付け、真理を求める態度を養い、豊かな情操と道徳心を培うとともに、健やかな身体を養うこと。

二　個人の価値を尊重して、その能力を伸ばし、創造性を培い、自主及び自律の精神を養うとともに、職業及び生活との関連を重視し、勤労を重んずる態度を養うこと。

三　正義と責任、男女の平等、自他の敬愛と協力を重んずるとともに、公共の精神に基づき、主体的に社会の形成に参画し、その発展に寄与する態度を養うこと。

四　生命を尊び、自然を大切にし、環境の保全に寄与する態度を養うこと。

五　伝統と文化を尊重し、それらをはぐくんできた我が国と郷土を愛するとともに、他国を尊重し、国際社会の平和と発展に寄与する態度を養うこと。

第3条（生涯学習の理念）　国民一人一人が、自己の人格を磨き、豊かな人生を送ることができるよう、その生涯にわたって、あらゆる機会に、あらゆる場所において学習することができ、その成果を適切に生かすことのできる社会の実現が図られなければならない。

第4条（教育の機会均等）　すべて国民は、ひとしく、その能力に応じた教育を受ける機会を与えられなければならず、人種、信条、性別、社会的身分、経済的地位又は門地によって、教育上差別されない。

2　国及び地方公共団体は、障害のある者が、その障害の状態に応じ、十分な教育を受けられるよう、教育上必要な支援を講じなければならない。

3　国及び地方公共団体は、能力があるにもかかわらず、経済的理由によって修学が困難な者に対して、奨学の措置を講じなければならない。

第2章　教育の実施に関する基本
第5条（義務教育）　国民は、その保護する子に、別に法律で定めるところにより、普通教育を受けさせる義務

を負う。

2　義務教育として行われる普通教育は、各個人の有する能力を伸ばしつつ社会において自立的に生きる基礎を培い、また、国家及び社会の形成者として必要とされる基本的な資質を養うことを目的として行われるものとする。

3　国及び地方公共団体は、義務教育の機会を保障し、その水準を確保するため、適切な役割分担及び相互の協力の下、その実施に責任を負う。

4　国又は地方公共団体の設置する学校における義務教育については、授業料を徴収しない。

第6条（学校教育）　法律に定める学校は、公の性質を有するものであって、国、地方公共団体及び法律に定める法人のみが、これを設置することができる。

2　前項の学校においては、教育の目標が達成されるよう、教育を受ける者の心身の発達に応じて、体系的な教育が組織的に行われなければならない。この場合において、教育を受ける者が、学校生活を営む上で必要な規律を重んずるとともに、自ら進んで学習に取り組む意欲を高めることを重視して行われなければならない。

第7条（大学）　大学は、学術の中心として、高い教養と専門的能力を培うとともに、深く真理を探究して新たな知見を創造し、これらの成果を広く社会に提供することにより、社会の発展に寄与するものとする。

2　大学については、自主性、自律性その他の大学における教育及び研究の特性が尊重されなければならない。

第8条（私立学校）　私立学校の有する公の性質及び学校教育において果たす重要な役割にかんがみ、国及び地方公共団体は、その自主性を尊重しつつ、助成その他の適当な方法によって私立学校教育の振興に努めなければならない。

第9条（教員）　法律に定める学校の教員は、自己の崇高な使命を深く自覚し、絶えず研究と修養に励み、その職責の遂行に努めなければならない。

2　前項の教員については、その使命と職責の重要性にかんがみ、その身分は尊重され、待遇の適正が期せられるとともに、養成と研修の充実が図られなければならない。

第10条（家庭教育）　父母その他の保護者は、子の教育について第一義的責任を有するものであって、生活のために必要な習慣を身に付けさせるとともに、自立心を育成し、心身の調和のとれた発達を図るよう努めるものとする。

2　国及び地方公共団体は、家庭教育の自主性を尊重しつつ、保護者に対する学習の機会及び情報の提供その他の家庭教育を支援するために必要な施策を講ずるよう努めなければならない。

第11条（幼児期の教育）　幼児期の教育は、生涯にわたる人格形成の基礎を培う重要なものであることにかんがみ、国及び地方公共団体は、幼児の健やかな成長に資する良好な環境の整備その他適当な方法によって、その振興に努めなければならない。

第12条（社会教育）　個人の要望や社会の要請にこたえ、社会において行われる教育は、国及び地方公共団体によって奨励されなければならない。

2　国及び地方公共団体は、図書館、博物館、公民館その他の社会教育施設の設置、学校の施設の利用、学習の機会及び情報の提供その他の適当な方法によって社会教育の振興に努めなければならない。

第13条（学校、家庭及び地域住民等の相互の連携協力）　学校、家庭及び地域住民その他の関係者は、教育におけるそれぞれの役割と責任を自覚するとともに、相互の連携及び協力に努めるものとする。

第14条（政治教育）　良識ある公民として必要な政治的教養は、教育上尊重されなければならない。

2　法律に定める学校は、特定の政党を支持し、又はこれに反対するための政治教育その他政治的活動をしてはならない。

第15条（宗教教育）　宗教に関する寛容の態度、宗教に関する一般的な教養及び宗教の社会生活における地位は、教育上尊重されなければならない。

2　国及び地方公共団体が設置する学校は、特定の宗教のための宗教教育その他宗教的活動をしてはならない。

第3章　教育行政

第16条（教育行政）　教育は、不当な支配に服することなく、この法律及び他の法律の定めるところにより行われるべきものであり、教育行政は、国と地方公共団体との適切な役割分担及び相互の協力の下、公正かつ適正に行われなければならない。

2　国は、全国的な教育の機会均等と教育水準の維持向上を図るため、教育に関する施策を総合的に策定し、実施しなければならない。

3　地方公共団体は、その地域における教育の振興を図るため、その実情に応じた教育に関する施策を策定し、実施しなければならない。

4　国及び地方公共団体は、教育が円滑かつ継続的に実施されるよう、必要な財政上の措置を講じなければならない。

第17条（教育振興基本計画）　政府は、教育の振興に関する施策の総合的かつ計画的な推進を図るため、教育の振興に関する施策についての基本的な方針及び講ずべき施策その他必要な事項について、基本的な計画を定め、これを国会に報告するとともに、公表しなければならない。

2　地方公共団体は、前項の計画を参酌し、その地域の実情に応じ、当該地方公共団体における教育の振興のための施策に関する基本的な計画を定めるよう努めなければならない。

学校教育法（抄）
1947（昭和22）年3月31日／
（改正）2022（令和4）年6月22日

第1章　総　則

第1条　この法律で、学校とは、幼稚園、小学校、中学校、義務教育学校、高等学校、中等教育学校、特別支援学校、大学及び高等専門学校とする。

第7条　学校には、校長及び相当数の教員を置かなければならない。

第8条　校長及び教員（教育職員免許法（昭和24年法律第147号）の適用を受けるものを除く。）の資格に関する事項は、別に法律で定めるもののほか、文部科学大臣がこれを定める。

第9条　次の各号のいずれかに該当する者は、校長又は教員となることができない。

一　禁錮以上の刑に処せられた者

二　教育職員免許法第10条第1項第二号又は第三号に該当することにより免許状がその効力を失い、当該失効の日から3年を経過しない者

三　教育職員免許法第11条第1項から第3項までの規定により免許状取上げの処分を受け、3年を経過しない者

四　日本国憲法施行の日以後において、日本国憲法又は

その下に成立した政府を暴力で破壊することを主張する政党その他の団体を結成し、又はこれに加入した者

第2章　義務教育

第16条　保護者（子に対して親権を行う者（親権を行う者のないときは、未成年後見人）をいう。以下同じ。）は、次条に定めるところにより、子に9年の普通教育を受けさせる義務を負う。

第21条　義務教育として行われる普通教育は、教育基本法（平成18年法律第120号）第5条第2項に規定する目的を実現するため、次に掲げる目標を達成するよう行われるものとする。

一　学校内外における社会的活動を促進し、自主、自律及び協同の精神、規範意識、公正な判断力並びに公共の精神に基づき主体的に社会の形成に参画し、その発展に寄与する態度を養うこと。

二　学校内外における自然体験活動を促進し、生命及び自然を尊重する精神並びに環境の保全に寄与する態度を養うこと。

三　我が国と郷土の現状と歴史について、正しい理解に導き、伝統と文化を尊重し、それらをはぐくんできた我が国と郷土を愛する態度を養うとともに、進んで外国の文化の理解を通じて、他国を尊重し、国際社会の平和と発展に寄与する態度を養うこと。

四　家族と家庭の役割、生活に必要な衣、食、住、情報、産業その他の事項について基礎的な理解と技能を養うこと。

五　読書に親しませ、生活に必要な国語を正しく理解し、使用する基礎的な能力を養うこと。

六　生活に必要な数量的な関係を正しく理解し、処理する基礎的な能力を養うこと。

七　生活にかかわる自然現象について、観察及び実験を通じて、科学的に理解し、処理する基礎的な能力を養うこと。

八　健康、安全で幸福な生活のために必要な習慣を養うとともに、運動を通じて体力を養い、心身の調和的発達を図ること。

九　生活を明るく豊かにする音楽、美術、文芸その他の芸術について基礎的な理解と技能を養うこと。

十　職業についての基礎的な知識と技能、勤労を重んずる態度及び個性に応じて将来の進路を選択する能力を養うこと。

第3章　幼稚園

第22条　幼稚園は、義務教育及びその後の教育の基礎を培うものとして、幼児を保育し、幼児の健やかな成長のために適当な環境を与えて、その心身の発達を助長することを目的とする。

第23条　幼稚園における教育は、前条に規定する目的を実現するため、次に掲げる目標を達成するよう行われるものとする。

一　健康、安全で幸福な生活のために必要な基本的な習慣を養い、身体諸機能の調和的発達を図ること。

二　集団生活を通じて、喜んでこれに参加する態度を養うとともに家族や身近な人への信頼感を深め、自主、自律及び協同の精神並びに規範意識の芽生えを養うこと。

三　身近な社会生活、生命及び自然に対する興味を養い、それらに対する正しい理解と態度及び思考力の芽生えを養うこと。

四　日常の会話や、絵本、童話等に親しむことを通じて、言葉の使い方を正しく導くとともに、相手の話

を理解しようとする態度を養うこと。
五　音楽、身体による表現、造形等に親しむことを通じて、豊かな感性と表現力の芽生えを養うこと。
第24条　幼稚園においては、第22条に規定する目的を実現するための教育を行うほか、幼児期の教育に関する各般の問題につき、保護者及び地域住民その他の関係者からの相談に応じ、必要な情報の提供及び助言を行うなど、家庭及び地域における幼児期の教育の支援に努めるものとする。
第25条　幼稚園の教育課程その他の保育内容に関する事項は、第22条及び第23条の規定に従い、文部科学大臣が定める。
第26条　幼稚園に入園することのできる者は、満3歳から、小学校就学の始期に達するまでの幼児とする。
第27条　幼稚園には、園長、教頭及び教諭を置かなければならない。
2　幼稚園には、前項に規定するもののほか、副園長、主幹教諭、指導教諭、養護教諭、栄養教諭、事務職員、養護助教諭その他必要な職員を置くことができる。
3　第1項の規定にかかわらず、副園長を置くときその他特別の事情のあるときは、教頭を置かないことができる。
4　園長は、園務をつかさどり、所属職員を監督する。
5　副園長は、園長を助け、命を受けて園務をつかさどる。
6　教頭は、園長（副園長を置く幼稚園にあつては、園長及び副園長）を助け、園務を整理し、及び必要に応じ幼児の保育をつかさどる。
7　主幹教諭は、園長（副園長を置く幼稚園にあつては、園長及び副園長）及び教頭を助け、命を受けて園務の一部を整理し、並びに幼児の保育をつかさどる。
8　指導教諭は、幼児の保育をつかさどり、並びに教諭その他の職員に対して、保育の改善及び充実のために必要な指導及び助言を行う。
9　教諭は、幼児の保育をつかさどる。
10　特別の事情のあるときは、第1項の規定にかかわらず、教諭に代えて助教諭又は講師を置くことができる。
11　学校の実情に照らし必要があると認めるときは、第7項の規定にかかわらず、園長（副園長を置く幼稚園にあつては、園長及び副園長）及び教頭を助け、命を受けて園務の一部を整理し、並びに幼児の養護又は栄養の指導及び管理をつかさどる主幹教諭を置くことができる。
第28条　第37条第6項、第8項及び第12項から第17項まで並びに第42条から第44条までの規定は、幼稚園に準用する。

第4章　小学校
第29条　小学校は、心身の発達に応じて、義務教育として行われる普通教育のうち基礎的なものを施すことを目的とする。
第30条　小学校における教育は、前条に規定する目的を実現するために必要な程度において第21条各号に掲げる目標を達成するよう行われるものとする。
2　前項の場合においては、生涯にわたり学習する基盤が培われるよう、基礎的な知識及び技能を習得させるとともに、これらを活用して課題を解決するために必要な思考力、判断力、表現力その他の能力をはぐくみ、主体的に学習に取り組む態度を養うことに、特に意を用いなければならない。
第31条　小学校においては、前条第1項の規定による目標の達成に資するよう、教育指導を行うに当たり、児童の体験的な学習活動、特にボランティア活動など社会奉仕体験活動、自然体験活動その他の体験活動の充

実に努めるものとする。この場合において、社会教育関係団体その他の関係団体及び関係機関との連携に十分配慮しなければならない。
第32条　小学校の修業年限は、6年とする。
第33条　小学校の教育課程に関する事項は、第29条及び第30条の規定に従い、文部科学大臣が定める。
第42条　小学校は、文部科学大臣の定めるところにより当該小学校の教育活動その他の学校運営の状況について評価を行い、その結果に基づき学校運営の改善を図るため必要な措置を講ずることにより、その教育水準の向上に努めなければならない。
第43条　小学校は、当該小学校に関する保護者及び地域住民その他の関係者の理解を深めるとともに、これらの者との連携及び協力の推進に資するため、当該小学校の教育活動その他の学校運営の状況に関する情報を積極的に提供するものとする。

第8章　特別支援教育
第72条　特別支援学校は、視覚障害者、聴覚障害者、知的障害者、肢体不自由者又は病弱者（身体虚弱者を含む。以下同じ。）に対して、幼稚園、小学校、中学校又は高等学校に準ずる教育を施すとともに、障害による学習上又は生活上の困難を克服し自立を図るために必要な知識技能を授けることを目的とする。
第77条　特別支援学校の幼稚部の教育課程その他の保育内容、小学部及び中学部の教育課程又は高等部の学科及び教育課程に関する事項は、幼稚園、小学校、中学校又は高等学校に準じて、文部科学大臣が定める。
第81条　幼稚園、小学校、中学校、義務教育学校、高等学校及び中等教育学校においては、次項各号のいずれかに該当する幼児、児童及び生徒その他教育上特別の支援を必要とする幼児、児童及び生徒に対し、文部科学大臣の定めるところにより、障害による学習上又は生活上の困難を克服するための教育を行うものとする。
2　小学校、中学校、義務教育学校、高等学校及び中等教育学校には、次の各号のいずれかに該当する児童及び生徒のために、特別支援学級を置くことができる。
一　知的障害者
二　肢体不自由者
三　身体虚弱者
四　弱視者
五　難聴者
六　その他障害のある者で、特別支援学級において教育を行うことが適当なもの
3　前項に規定する学校においては、疾病により療養中の児童及び生徒に対して、特別支援学級を設け、又は教員を派遣して、教育を行うことができる。

児童福祉法（抄）
1947（昭和22）年12月12日
（改正）2022（令和4）年12月16日

第1章　総則
第1条　全て児童は、児童の権利に関する条約の精神にのつとり、適切に養育されること、その生活を保障されること、愛され、保護されること、その心身の健やかな成長及び発達並びにその自立が図られることその他の福祉を等しく保障される権利を有する。
第2条　全て国民は、児童が良好な環境において生まれ、かつ、社会のあらゆる分野において、児童の年齢及び発達の程度に応じて、その意見が尊重され、その最善

の利益が優先して考慮され、心身ともに健やかに育成されるよう努めなければならない。

② 児童の保護者は、児童を心身ともに健やかに育成することについて第一義的責任を負う。

③ 国及び地方公共団体は、児童の保護者とともに、児童を心身ともに健やかに育成する責任を負う。

第3条 前2条に規定するところは、児童の福祉を保障するための原理であり、この原理は、すべて児童に関する法令の施行にあたつて、常に尊重されなければならない。

第2節　定義
第4条 この法律で、児童とは、満18歳に満たない者をいい、児童を左のように分ける。

1　乳児　満1歳に満たない者
2　幼児　満1歳から、小学校就学の始期に達するまでの者
3　少年　小学校就学の始期から、満18歳に達するまでの者

② この法律で、障害児とは、身体に障害のある児童、知的障害のある児童、精神に障害のある児童（発達障害者支援法（平成16年法律第167号）第2条第2項に規定する発達障害児を含む。）又は治療方法が確立していない疾病その他の特殊の疾病であつて障害者の日常生活及び社会生活を総合的に支援するための法律（平成17年法律第123号）第4条第1項の政令で定めるものによる障害の程度が同項の主務大臣が定める程度である児童をいう。

第7条 この法律で、児童福祉施設とは、助産施設、乳児院、母子生活支援施設、保育所、幼保連携型認定こども園、児童厚生施設、児童養護施設、障害児入所施設、児童発達支援センター、児童心理治療施設、児童自立支援施設、児童家庭支援センター及び里親支援センターとする。

第7節　保育士
第18条の4 この法律で、保育士とは、第18条の18第1項の登録を受け、保育士の名称を用いて、専門的知識及び技術をもつて、児童の保育及び児童の保護者に対する保育に関する指導を行うことを業とする者をいう。

第18条の5 次の各号のいずれかに該当する者は、保育士となることができない。

1　心身の故障により保育士の業務を適正に行うことができない者として内閣府令で定めるもの
2　禁錮以上の刑に処せられた者
3　この法律の規定その他児童の福祉に関する法律の規定であつて政令で定めるものにより、罰金の刑に処せられ、その執行を終わり、又は執行を受けることがなくなつた日から起算して3年を経過しない者
4　第18条の19第1項第2号若しくは第3号又は第2項の規定により登録を取り消され、その取消しの日から起算して3年を経過しない者
5　国家戦略特別区域法（平成25年法律第107号）第12条の5第8項において準用する第18条の19第1項第2号若しくは第3号又は第2項の規定により登録を取り消され、その取消しの日から起算して3年を経過しない者

第18条の6 次の各号のいずれかに該当する者は、保育士となる資格を有する。

1　都道府県知事の指定する保育士を養成する学校その他の施設（以下「指定保育士養成施設」という。）を卒業した者（学校教育法に基づく専門職大学の前期課程を修了した者を含む。）

2　保育士試験に合格した者

第18条の21 保育士は、保育士の信用を傷つけるような行為をしてはならない。

第18条の22 保育士は、正当な理由がなく、その業務に関して知り得た人の秘密を漏らしてはならない。保育士でなくなつた後においても、同様とする。

第18条の23 保育士でない者は、保育士又はこれに紛らわしい名称を使用してはならない。

第6款　子育て支援事業
第21条の8 市町村は、次条に規定する子育て支援事業に係る福祉サービスその他地域の実情に応じたきめ細かな福祉サービスが積極的に提供され、保護者が、その児童及び保護者の心身の状況、これらの者の置かれている環境その他の状況に応じて、当該児童を養育するために最も適切な支援が総合的に受けられるように、福祉サービスを提供する者又はこれに参画する者の活動の連携及び調整を図るようにすることその他の地域の実情に応じた体制の整備に努めなければならない。

第21条の9 市町村は、児童の健全な育成に資するため、その区域内において、放課後児童健全育成事業、子育て短期支援事業、乳児家庭全戸訪問事業、養育支援訪問事業、地域子育て支援拠点事業、一時預かり事業、病児保育事業、子育て援助活動支援事業、子育て世帯訪問支援事業、児童育成支援拠点事業及び親子関係形成支援事業並びに次に掲げる事業であつて主務省令で定めるもの（以下「子育て支援事業」という。）が着実に実施されるよう、必要な措置の実施に努めなければならない。

1　児童及びその保護者又はその他の者の居宅において保護者の児童の養育を支援する事業
2　保育所その他の施設において保護者の児童の養育を支援する事業
3　地域の児童の養育に関する各般の問題につき、保護者からの相談に応じ、必要な情報の提供及び助言を行う事業

第24条 市町村は、この法律及び子ども・子育て支援法の定めるところにより、保護者の労働又は疾病その他の事由により、その監護すべき乳児、幼児その他の児童について保育を必要とする場合において、次項に定めるところによるほか、当該児童を保育所（認定こども園法第3条第1項の認定を受けたもの及び同条第11項の規定による公示がされたものを除く。）において保育しなければならない。

② 市町村は、前項に規定する児童に対し、認定こども園法第2条第6項に規定する認定こども園（子ども・子育て支援法第27条第1項の確認を受けたものに限る。）又は家庭的保育事業等（家庭的保育事業、小規模保育事業、居宅訪問型保育事業又は事業所内保育事業をいう。以下同じ。）により必要な保育を確保するための措置を講じなければならない。

③ 市町村は、保育の需要に応ずるに足りる保育所、認定こども園（子ども・子育て支援法第27条第1項の確認を受けたものに限る。以下この項及び第46条の2第2項において同じ。）又は家庭的保育事業等が不足し、又は不足するおそれがある場合その他必要と認められる場合には、保育所、認定こども園（保育所であるものを含む。）又は家庭的保育事業等の利用について調整を行うとともに、認定こども園の設置者又は家庭的保育事業等を行う者に対し、前項に規定する児童の利用の要請を行うものとする。

④ 市町村は、第25条の8第3号又は第26条第1項第5号の規定による報告又は通知を受けた児童その他の優先的に保育を行う必要があると認められる児童について、その保護者に対し、保育所若しくは幼保連携型認定こども園において保育を受けること又は家庭的保育事業等による保育を受けること（以下「保育の利用」という。）の申込みを勧奨し、及び保育を受けることができるよう支援しなければならない。

⑤ 市町村は、前項に規定する児童が、同項の規定による勧奨及び支援を行つても、なおやむを得ない事由により子ども・子育て支援法に規定する施設型給付費若しくは特例施設型給付費（同法第28条第1項第2号に係るものを除く。次項において同じ。）又は同法に規定する地域型保育給付費若しくは特例地域型保育給付費（同法第30条第1項第2号に係るものを除く。次項において同じ。）の支給に係る保育を受けることが著しく困難であると認めるときは、当該児童を当該市町村の設置する保育所若しくは幼保連携型認定こども園に入所させ、又は当該市町村以外の者の設置する保育所若しくは幼保連携型認定こども園に入所を委託して、保育を行わなければならない。

第39条 保育所は、保育を必要とする乳児・幼児を日々保護者の下から通わせて保育を行うことを目的とする施設（利用定員が20人以上であるものに限り、幼保連携型認定こども園を除く。）とする。

② 保育所は、前項の規定にかかわらず、特に必要があるときは、保育を必要とするその他の児童を日々保護者の下から通わせて保育することができる。

第39条の2 幼保連携型認定こども園は、義務教育及びその後の教育の基礎を培うものとしての満3歳以上の幼児に対する教育（教育基本法（平成18年法律第120号）第6条第1項に規定する法律に定める学校において行われる教育をいう。）及び保育を必要とする乳児・幼児に対する保育を一体的に行い、これらの乳児又は幼児の健やかな成長が図られるよう適当な環境を与えて、その心身の発達を助長することを目的とする施設とする。

② 幼保連携型認定こども園に関しては、この法律に定めるもののほか、認定こども園法の定めるところによる。

第45条 都道府県は、児童福祉施設の設備及び運営について、条例で基準を定めなければならない。この場合において、その基準は、児童の身体的、精神的及び社会的な発達のために必要な生活水準を確保するものでなければならない。

② 都道府県が前項の条例を定めるに当たつては、次に掲げる事項については内閣府令で定める基準に従い定めるものとし、その他の事項については内閣府令で定める基準を参酌するものとする。

　1　児童福祉施設に配置する従業者及びその員数

　2　児童福祉施設に係る居室及び病室の床面積その他児童福祉施設の設備に関する事項であつて児童の健全な発達に密接に関連するものとして内閣府令で定めるもの

　3　児童福祉施設の運営に関する事項であつて、保育所における保育の内容その他児童（助産施設にあつては、妊産婦）の適切な処遇及び安全の確保並びに秘密の保持並びに児童の健全な発達に密接に関連するものとして内閣府令で定めるもの

③ 内閣総理大臣は、前項の内閣府令で定める基準（同項第3号の保育所における保育の内容に関する事項に限る。）を定めるに当たつては、学校教育法第25条第1項の規定により文部科学大臣が定める幼稚園の教育課程その他の保育内容に関する事項並びに認定こども園法第10条第1項の規定により主務大臣が定める幼保連携型認定こども園の教育課程その他の教育及び保育の内容に関する事項との整合性の確保並びに小学校及び義務教育学校における教育との円滑な接続に配慮しなければならない。

④ 内閣総理大臣は、前項の内閣府令で定める基準を定めるときは、あらかじめ、文部科学大臣に協議しなければならない。

⑤ 児童福祉施設の設置者は、第1項の基準を遵守しなければならない。

⑥ 児童福祉施設の設置者は、児童福祉施設の設備及び運営についての水準の向上を図ることに努めるものとする。

第48条の4 保育所は、当該保育所が主として利用される地域の住民に対して、その行う保育に関し情報の提供を行わなければならない。

② 保育所は、当該保育所が主として利用される地域の住民に対して、その行う保育に支障がない限りにおいて、乳児、幼児等の保育に関する相談に応じ、及び助言を行うよう努めなければならない。

③ 保育所に勤務する保育士は、乳児、幼児等の保育に関する相談に応じ、及び助言を行うために必要な知識及び技能の修得、維持及び向上に努めなければならない。

第8章　罰則

第60条 第34条第1項第6号の規定に違反したときは、当該違反行為をした者は、10年以下の懲役若しくは300万円以下の罰金に処し、又はこれを併科する。

② 第34条第1項第1号から第5号まで又は第7号から第9号までの規定に違反したときは、当該違反行為をした者は、3年以下の懲役若しくは100万円以下の罰金に処し、又はこれを併科する。

③ 第34条第2項の規定に違反したときは、当該違反行為をした者は、1年以下の懲役又は50万円以下の罰金に処する。

④ 児童を使用する者は、児童の年齢を知らないことを理由として、前3項の規定による処罰を免れることができない。ただし、過失のないときは、この限りでない。

⑤ 第1項及び第2項（第34条第1項第7号又は第9号の規定に違反した者に係る部分に限る。）の罪は、刑法第4条の2の例に従う。

第60条の2 小児慢性特定疾病審査会の委員又はその委員であつた者が、正当な理由がないのに、職務上知り得た小児慢性特定疾病医療支援を行つた者の業務上の秘密又は個人の秘密を漏らしたときは、1年以下の懲役又は100万円以下の罰金に処する。

② 第56条の5の5第2項において準用する障害者の日常生活及び社会生活を総合的に支援するための法律第98条第1項に規定する不服審査会の委員若しくは連合会の役員若しくは職員又はこれらの者であつた者が、正当な理由がないのに、職務上知り得た障害児通所支援、障害児入所支援又は障害児相談支援を行つた者の業務上の秘密又は個人の秘密を漏らしたときは、1年以下の懲役又は100万円以下の罰金に処する。

③ 第19条の23第3項、第21条の5の6第4項（第21条の5の8第3項において準用する場合を含む。）又は第57条の3の4第2項の規定に違反した者は、1年以下の懲役又は100万円以下の罰金に処する。

幼保連携型認定こども園園児指導要録（学籍等に関する記録）

区分＼年度	年度	年度	年度	年度
学　級				
整理番号				

園児	ふりがな 氏　名		性別	
		年　月　日生		
	現住所			

保護者	ふりがな 氏　名	
	現住所	

入　園	年　月　日	入園前の 状　　況	
転入園	年　月　日		
転・退園	年　月　日	進学・ 就学先等	
修　了	年　月　日		

園　名 及び所在地	

年度及び入園（転入園） ・進級時等の園児の年齢	年度 歳　か月	年度 歳　か月	年度 歳　か月	年度 歳　か月
園　長 氏名　印				
担　当　者 氏名　印				
年度及び入園（転入園） ・進級時等の園児の年齢	年度 歳　か月	年度 歳　か月	年度 歳　か月	年度 歳　か月
園　長 氏名　印				
学級担任者 氏名　印				

154